欧米人の見た開国期日本

異文化としての庶民生活

石川榮吉

角川文庫
21827

はじめに――この本の意図

国際化とか国際交流という言葉をしきりに耳にするようになってすでに久しい。国際交流や国際化の前提となる異文化理解という言葉にしても同様である。ここでいう文化とは衣・食・住をはじめ有形・無形の生活慣習から、人びとのものの考え方、感じ方、価値観も含めて生活様式全般のことである。そうしたものとしての異文化を理解しようともせずに、自文化だけに固執していたのでは、異民族や異国民とまともに付合えないことはいうまでもない。異文化理解こそが国際交流や国際化の大前提である。

さてそこで、異文化理解はどのようにして可能か、どこまで解れば理解したことになるのか、そもそも異文化を理解するなどということができるものなのか、といった問題に行き当たることになる。こうした根源的な問いかけに答えることは必ずしも容易ではない。しかし実際問題として、鎖国時代に逆戻りするのでないかぎり、どこ迄《まで》できるかは判らないにしても異文化理解は避けて通れぬ問題であるし、その際最小限採るべき（或《ある》いは採ってはならぬ）態度・姿勢を弁《わきま》えておくことは必要だろう。

この本では今から一世紀半もの昔、日本が鎖国を解いて開国に踏み切った前後の頃に日本を訪れた欧米人たちが、初めて見る日本人と日本文化をどう眺めどうとらえたかを追うことを通して、異文化理解に際して最小限弁えておくべき態度なり姿勢なりを考えてみようと思う。

いまさらいうまでもあるまいが、鎖国時代の日本を正規に訪れることを許された欧米人は、長崎出島《でじま》のオランダ商館員だけであった。たとえばシーボルトは、よく知られているようにドイツ人であり、このままでは日本の入国を許されない。彼はオランダ商館付きの医師として来日したのである。

ところが一八五四年(安政《あんせい》一)にアメリカのペリー提督の砲艦外交に迫られて日米和親条約が締結されると、以後イギリス、ロシア、オランダとの間に同様の条約が結ばれ、さらに一八五八年(安政五)にアメリカ総領事ハリスの執拗《しつよう》な交渉のすえに日米修好通商条約が調印されると、ヨーロッパ諸国もこれに倣《なら》うこととなった。明治改元までの間に日本と通商条約を結んだ国は、アメリカ、オランダ、イギリス、フランス、ロシア、ポルトガル、プロシア、スイス、ベルギー、イタリア、デンマークの十一ヶ国におよんでいる。

こうした情勢にともなって、さまざまな外国人が来日するようになったのは当然のことである。イギリスの初代駐日公使オールコックはその著書『大君の都』(一八六三年刊）の中に、一八六一年（文久一）末の横浜外国人居留地の国別人口数をつぎのようにあげている。

イギリス人	五五名
アメリカ人	三八名
オランダ人	二〇名
フランス人	一一名
ポルトガル人	二名
計	一二六名

こうした数値からも察せられるように、日本の開国とともに外交官や軍人など公務にたずさわる人びとをはじめ、東洋貿易の利を求めてとか異国探訪を志してとか、さまざまの目的でさまざまの欧米人が、しかもかなりの数、日本を訪れるようになった。彼らの中には、交通不便の時代であったにもかかわらず、意外にあちこち旅しているものもある。ごく短い訪問に終ったものもあるし、数年にわたって長期滞在したものもある。そして、滞在期間の長短にかかわりなく、彼らのうちの少なからぬ人びとが、旅行記や日記の類《たぐい》を遺《のこ》しており、その刊行されたものも相当の数に達している。かたくなに鎖国に固執し続け、それだけ異邦人には神秘のとばりに包まれて見えた日本は、当時の欧米人にとってたまらなく好奇心をそそる存在だったのであろう。

この本で私は、そうした欧米人の旅行記や日記の類を手がかりにして、彼らの目に当時の日本文化がどのように映じたか、いいかえれば、彼らがどのように理解し、もしくは誤解したかを追ってみようと思う。そしてさきに述べたように、それを通じて異文化理解のありかたに迫りたいと考えている。

開国期といえば、政治・外交問題を中心に据《す》えるのが史書の常であるが、この本はいうまでもなくそうした問題を扱うものではない。とりあげる日本文化も、欧米人との政治・外交上の交渉にあたった幕閣をはじめとする政治家や閣僚の類のそれではなく、庶民の生活文化である。であるから、たとえば日本の建築を問題とするばあいには、対象を庶民の住居にかぎり、武家の屋敷とか、あるいは神社、仏閣のような特殊な建物は問題の外に置く。衣服にしても食生活にしても、その他の風俗・習慣についても同様である。ときに武家や官僚について触れることがあるにしても、原則は右の通りにある。

とはいえ、当時の日本を訪れ記録した欧米人の著述はすこぶる多いし、また彼らが注目してとりあげている事柄も多岐にわたっている。この本で私が検討を試みたところはその一部でしかないことを、あらかじめおことわりしておく。

目次

第四章　男尊女卑うらおもて

第五章　庶民の服装

第六章　庶民の飲食

第一章　日本人の容姿

1　日本人の身体特徴

見なれぬ異人をはじめて目のあたりにしたとき、まず印象にきざまれるのは彼の外《がい》貌《ぼう》であろう。ところが、開国期に来日した欧米人で日本人の身体特徴についてまとまった印象を述べているものは意外に少ない。漁師や船頭の体のたくましさとか、娘さんが美しく愛らしいいっぽう、既婚女性はお歯黒と剃眉《そりまゆ》とでグロテスクであるなど、断片的な印象を語るにとどまっているものが大半なのである。その点、こんにちの自然人類学者の観察の精確さには及ぶべくもないにしても、エーメ・アンベールの観察はなかなか鋭く、しかもかなり行き届いたものである。

アンベールはスイスの衆議院議員。日本と修好通商条約を結ぶ使命を帯びて特派された使節団の首席全権として、一八六三年四月（文久《ぶんきゅう》三年二月）に来日、横浜のオランダ領事館に仮寓《かぐう》して交渉に当たった。条約が調印されたのは一八六四年二月六日（文久三年十二月二十九日）のことである。このおよそ十ヶ月の間に、アンベールは暇を見つけては江戸市中や近郊を散策し、その経験と観察を克明に記録した。これをもとに、ケンペルやシーボルトなど先人の日本研究も参照してまとめあげられたものが、『図解日本』全二巻（一八七〇年刊）である。書名のとおりこれには多くの風景画や風俗画が添付されていて、読者の日本理解を大いに助けている。

右の著書の序文で、アンベールは、自分の著書の性格を率直に次のように述べている。

「われわれの記事は、ひたすら、見たままの記述、まったく個人的な印象と経験の記録、議論抜きの判断の羅列に留めてある」（高橋邦太郎氏の訳文による。以下同）。しかし、「観察の真実さと、忠実な報告であることだけは」間違いない。しかも、われわれの日本滞在はこの探求の時期だけであったということを、読者は忘れずにいてほしい。

さらにアンベールは、当時は外交官であっても国内旅行は小うるさい役人の監視つきで、さまざまな制約を受け、「こういう状態では、日本研究が荒削りであり、断片的であるのもよんどころない」と無念さをもらし、「一言でいえば、ひどく制約を受けているから正確を欠く」と告白しているのである。

さて、そのアンベールの日本人の容姿の印象であるが、彼がかなり詳しく述べているところを要約すると、身体は中ぐらい、頭でっかち、胴長、短足、顔は扁平で眼窩《がんか》浅く吊《つ》り目、頬骨突出、出っ歯、頭髪は黒色直毛、皮膚の色はオリーブ色のまざった褐色、ただし女性の顔は男性よりも白く、上流階級の女性には抜けるほどの色白のものも多く見うけられる。娘盛りの女性でさえ胸が小さい。

計測値こそ欠くものの、アンベールはなかなかよく日本人の自然人類学的特徴をとらえているといってよかろう。とくに吊り目の指摘は注目に値する。この特徴は東アジアのモンゴロイド人種に共通のもので、日本人にだけ現れるわけではないが、来日欧米人の中で日本人の容姿について触れながらも、これを看過しているものが多いだけに、アンベールの指摘を鋭いと評価したいのである。

もっとも、アンベールのほかにまったくいなかったわけではない。たとえば、出島のオランダ商館員ファン・オーフルメール・フィッセルもそうした一人であり、彼はアンベールより四十年近くも前にすでに、吊り目を日本人をあらゆる民族から区別する身体特徴としてあげている。ただし、ここまではよいのであるが、このあとが珍説になってしまう。彼は日本人の吊り目の原因を、結髪様式に求めるのである。つまり、日本人は男女とも多年にわたって引っ詰め髪を続けてきたので、目が吊り上がってそれが常態になったのだ、というわけである(『日本国の知識への寄与』一八三三年刊)。遺伝形質も獲得形質も区分しなかった昔の人類学者が、モンゴル人の鼻の扁平さを説明するのに、モンゴル人は幼児期に馬の腹に顔を押しつけて馬乳を飲むのでそうなったのだ、としたのと類似の説明法である。

日本人の吊り目については、シーボルトもその大著『日本』(一八三二―五一年刊)の第二篇「民族と国家」の中に、「日本人および他民族のつり目の研究」と題して、解剖学的観点からの説明を試みていた。シーボルトは当時のヨーロッパ最高の医学教育を受けた優秀な医師であっただけに、その説明は科学的であってフィッセルのような思いつき的な珍説とはまったく異なる。ただし、あまり専門的にわたるのでここにはこれ以上論じない。

フィッセルとシーボルトとは、ほぼ同時期のオランダ商館員である。フィッセルは一八二〇年七月(文政三年五月)から二九年十二月(文政十二年初)まで滞在したオランダ人であり、途中二度ほどオランダ商館の本拠地インドネシアのバタビア(現・ジャカルタ)にもどっているが、彼の長崎在勤期間は実質八年におよぶ。この間、一八二二年(文政五)には商館長の江戸参府に随行し、その往復およそ四ヶ月の間に、

シーボルトの描いた日本人(P. Siebold, 1897)

各地で日本人とその生活ぶりを観察している。

フィリップ・フランツ・フォン・シーボルトはドイツ人ではあるが、出島のオランダ商館付き医師としてフィッセルに約三年遅れて着任、彼もまた一八二六年（文政九）に商館長に随行して江戸参府旅行をしている。いわゆる「シーボルト事件」を起こして長崎から放逐されたのは一八二九年（文政十二年十二月）のことであるから、彼はほぼ六年半を日本に過ごしたことになる。フィッセルはその十ヶ月前に出島を離れている。

話を再びアンベールの観察にもどす。彼は日本人の容貌の特徴として頬骨の突出と出っ歯もあげていた。頬骨の突出は、吊り目と同様に日本人を含むモンゴロイド人種の顕著な身体特徴の一つである。これについてはシーボルトも指摘している。しかしフィッセルはまったく触れていない。

出っ歯についてはどうであろう。欧米の新聞などにはよく日本人の戯画として、出っ歯で眼鏡をかけ、肩からカメラを下げた男の姿が描かれるが、よく特徴をとらえたものと苦笑をさそわれる。欧米人の眼から見て日本人の出っ歯は、まず目につく顕著な特徴なのだろう。日本人の骨の研究で知られる東大名誉教授の自然人類学者鈴木尚《すずきひさし》氏（二〇〇四年没）によれば、出っ歯は江戸時代日本人の顕著な身体特徴の一つであったという。ところが、フィッセルはもとよりシーボルトでさえも、不思議なことに、日本人の出っ歯についてもまったく触れるところがないのである。それだけにアンベールの指摘の鋭さがいよいよ際立ってくる。

2　醜い日本の男

アンベールは、日本人の容姿を述べるにあたって、好悪の感情をまじえることなしに、観察したままを淡々と客観的に描いている。たとえば、このあととりあげることになる既婚女性のお歯黒についても、習慣として歯を黒く染めている、と事実を述べるだけで、多くの欧米人のようにそれを醜悪として嫌悪感をむきだしにすることはないのである。

開国期に来日した欧米人で、日本人の容姿に触れたものは、ほとんどすべて、客観的記述の域を超えて、美しいとか醜いとかの感覚的評価を下している。たとえば、ペリーに一足遅れて通商を求めて来航したロシアの提督プチャーチンの秘書官で、有名な作家のイワン・アレクサンドロヴィッチ・ゴンチャローフは、一八五三年（嘉永《かえい》六）に長崎港で初めて目にした日本の女性たちを、「彼女たちはいずれも浅黒くて、いっこうに見栄えがしない」「みんな不器量」（訳文は高野明・島田陽両氏）と酷評している（『フレガート・パルラダ』一八五七年刊）。

一八六一年（文久一）に在日イギリス公使館付き医官として来日したウィリアム・ウィリスは、約十六年間日本に滞在し、その間薩英《さつえい》戦争（一八六三）に参加したり、鳥羽《とば》・伏見《ふしみ》の戦い（一八六八）で会津《あいづ》藩負傷兵治療にあたったりしたほか、会津戦争では江戸から本庄《ほんじょう》、高崎《たかさき》を経て碓氷《うすい》峠を越え、上田《うえだ》、善光寺《ぜんこうじ》を通って高田《たかだ》（現・上越《じょうえつ》市）に至り、さらに足を延ばして柏崎《かしわざき》、新潟、新発田《しばた》、会津若松《あいづわかまつ》を訪れ、各地で傷病兵の治療にあたった。この会津戦争従軍行のおり、ウィリスがイギリス公使ハリー・パークスにあてて、高田から一八六八年十月十七日（慶応四年九月二日）付で送った報告書の中に、彼が道中で見た住民の印象をしるしている（「英人医師の会津戦争従軍記」）。それはゴンチャローフ以上のひどいものである。

「道中で見た日本人についての印象は、肉体的な面でも知的な面でも、ほめられたものではないと言わざるをえない。婦人は醜く男は人種としても虚弱で、のろまな人相である」（訳文は中須賀哲朗氏）。

なお、ウィリスは明治改元後、明治政府の委嘱で一八六九年（明治二）から翌年まで東京医学校兼府大病院の院長として勤務し、同年末には西郷隆盛《さいごうたかもり》に招請されて鹿児島に病院と医学校を開設した。日本を離れたのは一八七七年（明治十）、西南《せいなん》戦争勃《ぼっ》発《ぱっ》直前のことである。彼は後出のアーネスト・サトウの生涯を通しての親友であった。

　幕末頃の日本では、まだ種痘が普及しておらず、痘痕面《あばたづら》の多かったことも、日本人の容貌を損なわせるうえに一役買っていたようである。ゴンチャロフは長崎で会った日本人の痘痕面に言及しているし、ドイツ連邦との通商条約締結を目ざして一八六〇年（万延《まんえん》二）に来日し、約五ヶ月間江戸、横浜、長崎に滞在したプロシアのオイレンブルク全権公使の一行に、ザクセン商業会議所全権として加わっていたグスターフ・シュピースもまた、江戸ではじめて見た人びとを、容貌は美しくなくしばしば痘痕のためにいっそう醜くなっていた、と述べている（『一八五九—六二年プロシアの東アジア遠征記』一八六四年刊）。

　痘痕の有無にかかわりなく日本人の容貌を好ましいとはいえないとしているのは、エドアルド・スエンソンも同じである。彼はデンマークの海軍軍人であるが、フランス海軍に留学中、フランス海軍士官の身分で一八六六年（慶応《けいおう》二）の夏からほぼ一年間を日本に滞在した。この間、横浜、兵庫、大坂などを訪れ、大坂ではフランス公使レオン・ロッシュが最後の将軍徳川慶喜《とくがわよしのぶ》に謁見したおり、陪席して慶喜を間近に見る機会もえている。

　さてそのスエンソンの見るところ、日本人の容貌はけっして好ましいとは言えず、むしろ醜悪である。額が狭く、頬骨が突出し、鼻は扁平、目の位置もおかしい。男たちは一般に背が低いが、下層の労働者階級は逞《たくま》しい体格をしている。しかし上流階級の男たちはやせていて体格が貧弱である。絶えず陽に曝《さら》されている労働者階級の中には赤銅色の肌も珍しくないが、大多数の日本人は北欧人と同じくらい色白である。

スエンソンはこのあと、すこぶるユニークな説を展開する。彼によれば、がいして醜い大衆の中にも、ときとして気高く人品の良さそうなものが見いだされる。これはおそらく、鎖国以前に彼らの祖先とヨーロッパ人が混血した結果であろう。大衆のあいだには、こうしてヨーロッパ人の血が流入したが、いっぽう高貴な家柄にはそうしたことがなく、血の純潔が保たれてきたと思われる。そのため、上流階級の人びとには、日本的醜悪の顕著な特徴がそなわっているのが常である、というのである。スエンソンはこの自説を、当初はほんの思いつきに過ぎなかったが、大衆と上流社会の双方に接触する機会がふえるにつれて、確信の域にまで達するにいたった、と述べている（『日本素描』一八六九―七〇年刊）。

スエンソンのこの説は、一般的に醜い日本人の中においても、ヨーロッパ人の血を混じえたものは多少ともましであるということで、ヨーロッパ人の容貌がもともと日本人に勝《まさ》っているという前提に立っている。しかし、美醜の判断は主観的なものであり、かりに客観的と称しても、それはそれぞれの民族につちかわれたその民族かぎりの美意識に照らしてのことであって、けっして全人類に普遍的な美醜の判断基準があるわけではない。スエンソンが「美しい」「醜い」というのは、あくまでもヨーロッパ人の目から見ればということであって、別のいい方をすれば、ヨーロッパ人の好みに合うか合わないかということに過ぎない。さきにあげたゴンチャローフやウィリスの酷評にしても同じことである。なにも、容貌の点でヨーロッパ人が日本人に優っているわけではない。われわれは、うっかりすると好悪の感情をそのまま優劣の価値判断と取り違えてしまうことがあるが、慎むべきことである。開国期来日欧米人の中には、そうした取り違えに気づかずに、日本人の容貌を無条件に醜いと見ているものが少なくないのである。

ゴンチャローフやウィリスは、女性の容貌についても酷評を下していたが、それでも、日本女性の容貌は、欧米人の好みからいえば日本の男たちの醜さよりは数等ましだった。とにかく日本の男たちの醜さは、欧米人のあいだでの定説だったようである。幕末の外交史上、イギリス公使の通訳官兼秘書官として活躍し、のちに一八九五年(明治二十八)から一九〇〇年(同三十三)まで駐日イギリス公使を勤めたアーネスト・サトウは、ヴィクトリア女王の晩餐《ばんさん》会に列席したおり、日本を訪れる旅行者は皆、日本の男たちが醜いので驚く、と女王に話したという。これは彼の『公使日記』の中に見えるところである。

3 美しい日本娘

ゴンチャローフやウィリスほどには貶《けな》さないまでも、日本女性は美しくないとか日本には美人が少ないとする感想を漏らしているものは、他にもいないわけではない。しかし、結婚前の娘さんに関する限り、その愛らしさ、美しさを称揚するもののほうが遥《はる》かに多い。

日本人をがいして不器量と貶したスエンソンにしてさえ、若い娘についてはすこぶる甘いのである。男たちの醜さからは程遠く、色白で赤みを帯びた肌、豊かな黒髪、愁《うれ》いを含んだ黒い瞳《ひとみ》と生き生きとした顔は、まさに美人のそれであり、身長は低いが体格はよく、首から肩、胸にかけての線は彫刻のモデルになれるほどである、と最大級の賛辞を呈している。

日本女性の肌の色の美しさについては、シーボルトも、またイギリスの初代駐日公使ラザフォード・オールコックも褒めたたえている。よほど彼らの好みに適《かな》っていたのであろう。

オールコックは初め総領事として一八五九年（安政六）に来日、翌年公使に昇任、一八六四年（元治《げんじ》一）の英・米・仏・蘭四ヶ国連合艦隊による下関《しものせき》砲撃の責任を本国政府に問責されて召還されるまで、約五年半を幕末日本に滞在した。
彼はその著書『大君の都』（一八六三年刊）の中で、日本女性の肌の色は多種多様な色合いのオリーブ色で、ときにはほとんど真白なものも見かけ、イギリス婦人に劣らぬほど美しいと讃《たた》えている。

ところで、美人・不美人には真実特定の産地があるのであろうか。われわれはよく京美人とか秋田美人などと口にしたり、逆に何処其処《どこそこ》は醜女《ぶす》ばかりと冗談口を叩《たた》いたりすることがある。しかし、まさか幕末期に来日した欧米人の口からそうした評言を聞こうとは意外であった。

京美人の評判は当時すでに日本社会に定着していたものとみえ、そうと聞かされた欧米人がいたし、これは明治以後のことになるが、一八七一年（明治四）に世界周遊の途次日本に立寄った元オーストリアの外交官アレクサンダー・ヒューブナーの『世界周遊記』（一八七三年刊）には、京美人の評判は当たっているように自分には思われたという記述がみられる。彼は九月二十二日から二十五日まで京都見物をしている。

京都以外にも肥前《ひぜん》佐賀地方、加賀《かが》、越前《えちぜん》福井地方、そして越後《えちご》を美人の産地と見る感想も、幕末期の欧米人の記録に見うけられる。佐賀地方についていえば、フィッセルが江戸参府の途中一泊した肥前鍋島《なべしま》藩の城下町佐賀を、この町は美人で有名であるとしているし、一八五八年（安政五）に通商条約締結の目的で来日したイギリスのジェームス・B・エルギン卿《きょう》秘書官ローレンス・オリファントも、長崎と江戸に二週間滞在したおりの紀行『一八五七―五九年における中国及び日本へのエルギン卿使節団の物語』(一八五九年刊)の中で、肥前は日本の中でも最も美しい女性の産地といわれている、と述べている。

ただし、右の行文から明らかなように、フィッセルもオリファントも、佐賀美人の伝聞を紹介しているだけで、彼ら自身が実際に佐賀美人を見ての感想を語っているわけではない。情報源はおそらくは当時の風評か、あるいはエンゲルベルト・ケンペルの通称『日本誌』(一七七七年刊)であろう。ケンペルは一六九〇年(元禄《げんろく》三)から九二年(同五)まで長崎出島のオランダ商館に医師として在勤したドイツ人である。その在勤中二度にわたって商館長の江戸参府に随行しており、そのおりの見聞をまとめたものが『日本誌』である。原文はドイツ語で書かれたが一七二七年にまず英訳本が刊行され、一七二九年には英訳本からの重訳で仏訳本と蘭訳本も出版された。この『日本誌』の中でケンペルが、佐賀の女性はアジアのどこよりもよく発育しており美しいと述べているのである。『日本誌』は日本に関心を抱いたり日本研究を志す人びとの必読書として、欧米の読書界に広く読者を獲得していたから、フィッセルもオリファントも、これに目を通していたことはまず間違いあるまい。

ついでながらオリファントは、帰国後しばらくして在日イギリス公使館の第一書記官に任命され、一八六一年（文久一）に江戸高輪《たかなわ》の仮設公使館東禅寺《とうぜんじ》に着任する。再度の来日である。ところが、旬日を経ずして東禅寺が水戸《みと》浪士に襲撃され、オリファントは重傷を負う。幸いオールコック公使がもと陸軍軍医であったため、その応急手当てのおかげで一命をとりとめたのであった。この事件後ほどなくして、オリファントは公使の配慮で帰国している。日本駐在を楽しみにしていたオリファントにとって、この二度目の来日はさんざんに終ったのであった。

越前・越後など北陸地方の女性にも、美人が多いとの風評が立っていたらしい。さきに引用したウィリスやアーネスト・サトウ、さらに両人の同僚として一八六六年（慶応二）から三年余を江戸のイギリス公使館に勤務したフリーマン・ミットフォードらがそのことに触れている。

風評だけではない。ウィリスは、さきに引用したように、関東平野を縦断するおりに見かけた女性たちの印象を、醜いと評していたのであるが、そのウィリスにして「越後地方の住民は、私がこれまで見てきた日本のどの地方の人々よりも容貌がととのっており、身分の低い女たちにもほとんどヨーロッパ人と同じほどの肌の美しい者がいる」（訳文は中須賀哲朗氏）と自分の印象が風評に違《たが》わなかったことを記している。

アーネスト・サトウとミットフォードとは、一八六七年（慶応三）の夏に、陸路加賀藩領から越前福井へと旅しているが、そのおりの紀行に、ミットフォードは加賀の女性は器量の良いことで有名であると書きとめ（『回想録』一九一五年刊）、サトウは福井ほど美しい娘の大勢いるところを他に見たことがないと述べている（『日本における一外交官』一九二一年刊）。

いみじくもサトウが洩《も》らしたように、美しいのは娘なのである。次の章で詳述するように既婚女性もしくは年増《としま》は、一般に醜くこそあれ美しいとはいい難いというのが欧米人の感想であった。美人の産地を離れても、日本娘を美しいとする感想は多々聞かれる。日本の開国を実現させたペリー提督の個人日記にも、また「公式報告書」にも、ともに日本の若い娘たちはかなり美しいとする感想が述べられている。

一八五五年（安政二）にアメリカの傭船《ようせん》として箱館《はこだて》に入港したドイツ船グレタ号のスーパーカルゴ（船荷監督）であったドイツ人F・A・リュードルフは、その日記『日本における八ヶ月』（一八五七年刊）の中で、日本の若い娘たちは本当に美しい容貌をもち、抜けるほど白い顔をしていると印象を記している。

こうした日本娘礼賛の言辞をあげていけばきりがないが、あと一つだけ、その最たるものをとりあげてみよう。それはアメリカの科学者ウィリアム・グリフィスの言葉である。彼は福井藩のお雇い教師として藩校明新館《めいしんかん》で理化学を教授するために一八七〇年（明治三）に来日し、その後東京の大学南校へ転じ、一八七四年（明治七）まで日本に滞在した。彼は大変な日本娘贔屓《びいき》で、随所で日本娘を褒めたたえた挙句、日本

化粧する娘（A. Humbert, 1870）

で最も美しい見ものは美しい日本娘である、と称してはばからないのである(『みかどの帝国』一八七六年刊)。こうまで讃《たた》えられては、日本娘たるもの女冥利《みょうり》に尽きるというべきか。

日本で最も美しい見ものといえば、オールコックも同様の表現を使っている。ただし、彼のばあいは日本娘を指してではなく、日本女性の髪形についてである。それで、この章の最後に、これについての欧米人の感想をとりあげることにしよう。

万延元年遣米使節団の面々は、初めて見たアメリカ女性の美しさにほとんど魂を奪われた様子であった。皇国至上主義者の副使村垣淡路守《むらがきあわじのかみ》にしてなおそうであった。しかし村垣は、色白く艶《えん》なアメリカ女性も頭髪の赤いのは興醒《きょうざ》めだといい、髪黒く瞳も黒いのが良いと述べている(『航海日記』)。一方、日本を初めて訪れた欧米人たちには、黒髪ばかりで奇妙な感じがするというものはいても、黒髪を嫌うものはいなかった。考えてみればヨーロッパでも、南欧や東欧にはけっこう黒髪の人が多いから、日本人が金髪や赤毛を見るほどの違和感が、彼らには初めから無かったのであろう。それどころか、むしろその艶《つや》やかな黒髪を美しいと見るものが多い。そして、日本女性の髪の手入れの良さと、髪結の見事さに多くの人びとが感嘆しているのである。

オールコックはそうした一人であり、彼は日本女性の入念な髪形をそれだけでも一つの見ものであり、また女性のすばらしい器用さを示すものであると感嘆し、髪形の挿図まで付している。スエンソンによれば、日本人はたとえ貧乏人であっても髪の手入れだけは念入りにし、赤い手絡《てがら》や金銀べっ甲の簪《かんざし》で飾ろうと飾らなかろうと、とにかく複雑に結いあげた髪形は美しく、あまり複雑でとても描写できそうにないという。

たしかに日本髪の複雑な形態を一読了解できるように文字で表現することは、スエンソンならずとも至難の業であり、私にもとうていできることではない。現在では日本髪といえば髷《まげ》が通り相場になってしまったが、それでも私のような日本趣味の人間は、日本髪の美しさに惚《ほ》れ惚《ぼ》れとしてしまう。欧米人の目にもまたそうであったのかと、この点では彼らと意気投合するが、彼らにとってはこれもたんなる異国趣味だったのだろうか。

第二章　花の命は短かくて

1　剃眉とお歯黒

「花の命は短かくて苦しきことのみ多かりき」

いうまでもなくこれは、『放浪記《ほうろうき》』などの作者林芙美子《はやしふみこ》さんの短詩である。林さんの意味はともかく、江戸時代の日本女性は容貌《ようぼう》のうえでも花の命は短かかったのである。前章で見たように、開国期来日欧米人の多くは、日本娘の美しさを礼賛していた。ところが彼らは、美しい日本娘も、人妻になるととたんに醜くなってしまうという。当時の日本の女性はたいてい十代の後半で結婚したから、文字通り花の命は短かかったわけである。

現在の日本では、人妻でも美しい人が幾らでもいるが、その頃は結婚するとなぜ醜くなったのか。にわかに世帯やつれしたわけでもあるまいに。それは既婚女性のしるしとして、眉《まゆ》を剃《そ》り落とし歯を黒く染め、容貌がまるで一変してしまったからである。

今ではまったく見られなくなったこの習俗は、ごく古い時代から始まり、公卿《くぎょう》から上級武士のような男性にまで流行した時期もあるが――公卿のばあいは明治の初めまで――、一般には江戸時代に女子の成女式の一環として普及し、その施す年齢もしだいに遅くなって結婚時にまでずれこんで明治初年にいたった。この習俗がすたれたのは、明治政府がこれを文明国にあるまじき弊風《へいふう》とみなし、一八七〇年(明治三)にまず華族に禁止し、ついで一八七三年(明治六)に皇后・皇太后もこれをやめたとの発表があってからのことである。しかし、私は昭和の初期に東京の下町で、剃眉・お歯黒をした老女を見かけたし、だいいち私の祖母がそうしていた。高橋雅雄氏によれば、一九七八年(昭和五十三)時点でも、わずかながら地方に遺《のこ》っていた由である(『日本風俗史事典』)。

こうも長い伝統をもつだけに、少なくとも明治初期までの日本人は、剃眉・お歯黒にべつだん嫌悪感を抱くことはなかったのであろう。いっぽう、日本を訪れた欧米人は皆が皆揃ってこれを嫌悪している。それをあまり趣味の良いものとは思えない、と述べているフィッセルなどはずいぶん控えめなほうで、たとえばペリー提督は、一八五四年四月六日(嘉永《かえい》七年三月九日)の日記に、横浜村の名主の家で会った名主の妻が、うんざりするほど黒く塗った歯を見せたとしるしている。ペリー艦隊の首席通訳サミュエル・W・ウィリアムズも、老婆のお歯黒のはげた歯は近くで見れば見るほどぞっとする、とおぞけをふるっている（『ペリー日本遠征随行記』一九一〇年刊）。

ほぼ同じ時期に長崎に入港したロシアのプチャーチン艦隊のゴンチャロフも、お歯黒の婦人をしばしば見かけているが、なぜか彼はお歯黒の事実を述べるだけで嫌悪の言葉は一言も投げていない。文学者である彼はその他のことがらに関しては、しばしば辛辣《しんらつ》な批評や警句を飛ばしているだけに不思議である。ロシアに同じ習俗があったというわけでもあるまい。その理由はともかくとして、ゴンチャロフのような例はきわめて珍しい。

ペリーに約一年遅れて箱館に来航し、およそ一ヶ月間同地に滞在したリュードルフはその日記に、既婚婦人（正妻）はひどく嫌《いや》らしい印象を与えたが、それというのも彼女らが歯を真っ黒に染め、眉を落としていたからだ、としるしている。彼の著書の附録には「日本の国土と住民」と題する一篇があり、そこには既婚婦人の剃眉・お歯黒を日本の「一般的慣習」として述べている。

オリファントの感想はもっと手きびしい。

「旅行者が日本人の群衆のあいだで、女性について受ける最初の印象は、最高に醜いということである。……眉毛のないこと、そして黒く染めた歯は、きわめていたましい不愉快な効果を生じている」(訳文は岡田章雄氏)。

彼は、この忌わしい風習さえなかったら、日本の女性はおそらく東洋の美人の中で、高い部類に入るだろう、と続けるのである。

しかし、誰がきびしいといって、オールコックの右に出るものはあるまい。その著書『大君の都』にみえる彼の評言を列挙してみよう(訳文は山口光朔氏)。

「日本の婦人は、たしかにあらゆる女性のうちで、人工的な醜さの点で比類ないほどぬきんでている」

「女が貞節であるためには、これほど恐ろしく醜い化粧をすることが必要」

「わざとしつらえた恐ろしい醜さ」

「日本の女が着物を着ていようがいまいが、あの化物めいた化粧をやめてくれたら」

「歯を黒く染めて墓穴のような口をした女たち」

ざっとこういった具合である。オールコックにいわせると、女性が結婚とともにこうも醜く変貌するのは、世の男どもが彼女の色香に蠱惑されぬよう、彼女の夫に貞節を尽くすための証かもしれない、という。しかし、とオールコックは続ける。世の男どもを尻ごみさせる彼女の醜さは、彼女の夫の目にもそのように映るわけであるから、妻の貞節の証の代償は夫にとってずいぶん高くついたものだ、と。

　オールコックのこの皮肉たっぷりの評言は、ひょっとすると一八六一年（文久一）彼の香港《ホンコン》出張中に高輪東禅寺仮公使館に着任し、彼の帰任を迎えた一等書記官ローレンス・オリファントの説の受け売りかも知れない。さきに触れたように（第一章）、オリファントは、かつて日英修好通商条約の交渉のために来日したエルギン卿に随行して日本を訪れたことがあり、そのときの見聞を綴《つづ》った著書を一八五九年に出版している。この著書の中で彼は日本女性の剃眉とお歯黒について、オールコックと同様な皮肉な意見を述べているからである。オールコックの『大君の都』が出版されたのが、オリファントの右の著書に四年遅れて一八六三年のことであるから、オリファントを参照する時間的余裕は十分あったわけである。

　謹厳な外交官と思われがちなオールコック公使は外交問題だけでなく、剃眉・お歯黒問題についてもひどく熱心で執拗《しつよう》である。これが外交官根性というものなのであろうか。彼はいう。

愛情さえあれば容貌などはとるに足らず、妻を愛する夫は妻の顔にただ心を見るものなのだ、それに、結婚して半年も一緒に暮らせば醜い顔にも馴れてくるし、反対に美貌の印象でさえ褪《あ》せてくるものだ、と模範的なイギリス婦人が説教を垂れるかもしれない。しかし、自分はもともとこうした意見に賛成できないうえに、日本に来ていよいよ否定の気持ちが強まった。

日本では男は自分か妻のどちらかが死ぬまで、化物のようなグロテスクな妻の顔を見ながら一緒に暮らす運命を担わされている。

あの化物めいた化粧をやめてくれたらと願うのは、非常に間違ったことだろうか。

模範的なイギリス婦人の観念的結婚観にとらわれていないオールコックの正直さに、私は好感を覚えるのであるが、ただし、一緒に暮らしていれば相手の醜さに馴《な》れるということだけは、オールコックも否定すべきではなかったと思う。書記官として彼につかえたアーネスト・サトウが、当初女性の容貌を台なしにしていると思ったお歯黒をだんだん見馴れ、後年すっかり馴れきってしまったので、皇后がこれをやめて新しい習俗のさきがけとなったときには、大抵の日本人と同様に、かえって新しいスタイルになかなか馴染《なじ》めなかったと告白しているからである。

ついでながら、日頃私がいささか疑問に思っていることをちょっとばかり書き添えておく。それは映画やテレビの時代劇に出てくる女性の化粧についてである。ほとんどの劇で彼女たちは、裏店《うらだな》のおかみさんであろうと武士のご新造であろうと奥様であろうと、眉は黒々、歯は真っ白のままである。しょせん作り物の劇とはいえ時代考証とはその程度のものなのだろうか。

最後に、オリファントの意見をもう一度紹介しておこう。彼によれば、日本の男性は醜い妻に辛抱するかわりに、経済的に余裕がある限り、いわゆる二号さんでも三号さんでももつことができた。それというのも、彼女らは正妻と違って眉も落とさずお歯黒もしないでよかったからである。

とすると、時代劇に出てくる既婚婦人たちは皆、おめかけさんなのだろうか。

それと、もうひとつ、面白いエピソードを紹介してみよう。一八七八年（明治十一）に来日し、三ヶ月かけて北関東から東北・北海道を旅して回ったイギリス人イザベラ・バード女史は、その紀行『日本の未踏の地』（一八八〇年刊）の中に、現在の栃木県の藤原《ふじはら》のあたりで、彼女が眉毛も剃らず、歯も黒く染めていなかったために、土地の娘たちから外国の男に間違えられた、という話をしるしているのである。当時まだ外国人というものを、ほとんど、あるいは、まったく知らなかったそのあたりの住民は、外国人の女性にも剃眉・お歯黒の習俗があるものと思いこんでいたわけである。この話はたんに面白いだけでなく、とかく自分らの常識を世界の常識と思い込みがちであることへの戒めとしても聞くことができよう。

2 入浴好き・熱湯《あつゆ》好き

剃眉・お歯黒のほかにも、花の命を短かくしている要因があるとする指摘もある。それは日本人の入浴慣習だというのである。フィッセルによると日本の女性は老けやすく、二十五歳ですでにそれよりも十歳も老けた容貌をしているという。そして彼はその原因を、日本の女性が四季を通じて毎日入浴することに求めているのである。スエンソンの見解も同様で、日本女性の新鮮な若さを長く保てず、二十五から三十歳に近づくと美貌がすたれ、土気色《つちけいろ》になった顔は皺《しわ》がよってたるみ、体全体が醜い姿に変ってしまう。その最大の原因の一つは、ほとんど毎日熱い湯に入ることであろうという。

ただし、スエンソンの右の意見は、スエンソンの訳者長島要一氏によれば、スイスの通商調査団の団長として一八五九年（安政六）に来日した、ルドルフ・リンダウの受け売りであろうという。

たしかに、リンダウの著書『日本周遊旅行』（一八六四年刊）には、スエンソンの右とほぼ同じ記事が見られる。リンダウは、通商条約の下交渉ののちいったん日本を離れ、一八六一年（文久一）に再度来日、翌年帰国するまでまる一年をかけて長崎・箱館・江戸・横浜とその近郊・瀬戸内海などを周遊した。このときの見聞をまとめたものが前記の著書である。スイスとの通商条約がアンベールの手によって一八六四年二月六日（文久三年十二月二十九日）に締結されると、リンダウは今度は領事として横浜に着任、一八六九年（明治二）に帰国するまでその職にあった。

アンベールの著書『図解日本』（一八七〇年刊）にもしばしばリンダウが引用されている。リンダウの著書は当時のヨーロッパで広く読まれたというから、日本に関する著述をものした著作家の中には、アンベールにかぎらず、直接・間接にリンダウに依拠した人があったとしても不思議はない。スエンソンも、おそらくは長島氏の推測どおり、リンダウの意見を踏襲したものであろう。

なお、リンダウ自身は、とくに江戸での情報収集に、アメリカ公使館員のヒュースケン（後出）に負うところが大きかったと彼への謝辞を述べている。

日本女性の老けやすさを指摘しているものは他にもある。クララ・ホイットニーもその一人である（『クララの明治日記』）。彼女は一八七五年（明治八）に一家をあげて来日したアメリカ人ホイットニー家の長女で、来日時には十五歳の少女であった。彼女一家は、彼女の父を商法講習所に所長として招いた森有礼《もりありのり》の違約によって、異郷日本で苦境に陥ったが、そうした一家を物心両面にわたって支えてくれたのが勝安芳《かつやすよし》（海舟《かいしゅう》）であった。クララはのちに勝の三男梅太郎（じつは海舟の長崎時代の愛人梶《かじ》くまとのあいだにもうけた男児）と結婚し、一男五女の母となる。ただし両人は海舟が一八九九年（明治三十二）に他界して一年後の五月に離婚、クララは子供を皆つれてアメリカに帰国した。梅太郎に生活力の無かったことが離婚の原因だったらしい。

日本の女性を老けやすいと見るのは、やはり結婚後の剃眉とお歯黒によってそのように見えたからではあるまいか。もし、本当に老けやすかったとするならば、その原因は、熱い湯に頻繁に入ることよりも、当時の食生活（栄養）の影響のほうが大きかったのではなかろうか。

それはそれとして、日本人の風呂《ふろ》好き、熱湯《あつゆ》好きの指摘は、そのとおりといってよいであろう。肉体労働者ならずとも、ほとんど毎日入浴する日本人一般の習慣の理由として、すべての欧米人があげているのは、日本人のなみはずれた清潔好きである。

日本の道路の清掃が行き届いていることや、住居がこざっぱりとしていることに加えて、日本人の鼻紙と欧米人のハンカチとの清潔度の比較をしているものまである。オールコックはいう。日本人は洟をかむのに鼻紙を用い、かみ終えればすぐそれを捨てる。ところが、欧米人はハンカチで洟《はな》をかみ、その不潔なハンカチを一日中ポケットに入れて持ち歩く。おそらく日本人には、その無神経ぶりは理解できないところであろう、と。

　こうした日本人の清潔好きというか、潔癖症が、身体に及んで頻繁な入浴、そして熱湯好き——熱い湯ほど身体を清める力が強いと感じる——ということになる。日本人にとっては、一日の仕事を終えたあと湯に入らないことには、一日が終わったことにならない。スエンソンは、日本人の清潔好きを、オランダ人より遥《はる》かに勝っているとまで述べている。

　日本人が毎日湯に入るほどの入浴好きであることに注目し、その習慣を日本人の清潔好きに結びつける意見は多いが、それを体をすぐべたつかせる湿度の高い日本の風土と関連づけているもののいないのが、いささか訝《いぶか》しい。乾燥した風土に生まれ育ち、あまり湯に入らないのが習慣化していた欧米人の目からすれば、たしかに日本人の入浴好きは異常とも見えたことであろう。立場を替えて日本人にいわせれば、ろくに湯にも入らぬ不潔な欧米人は、香水をふりまくことで体臭をごまかしている、ということになる。

　ついでながら、最近の日本人の清潔好きはそれこそ異常ではなかろうか。何もかも抗菌抗菌で、巷《ちまた》には抗菌商品が氾濫《はんらん》している。そのために却《かえ》って病菌に対する抵抗力を弱めている始末である。このうえは、クローン人間ならぬ抗菌人間でも創るより他あるまい。

こうした清潔好きの淵源《えんげん》は、遠く古代の禊《みそぎ》にまでさかのぼるのかも知れないが、それほど長い伝統をもつ清潔好きの日本人が、とくに湯屋（風呂屋、銭湯、公衆浴場）で、湯替えもせずに大勢の人が入ることの矛盾をどう説明したらよいのであろう。長崎海軍伝習所の教官カッテンディーケとともに、医官兼自然科学調査官として一八五七年（安政四）長崎に着任したポンペ・ファン・メールデルフォールトは、公衆浴場の湯は一日に一回かせいぜい二回しか取りかえないから、遅れて行くと清潔になるどころか、胸が悪くなるくらい汚くなると述べ、のちほどとりあげる男女混浴と並べて日本の銭湯の不思議のひとつに算《かぞ》えている（『日本における五年間』一八六七―六八年刊）。

なお、よく知られているように、ポンペは松本良順《まつもとりょうじゅん》、司馬凌海《しばりょうかい》、長与専斎《ながよせんさい》など優れた門弟の医学者を育て、「日本近代医学の父」と称されている人物である。一八六二年（文久二）まで滞在した。

オールコックもポンペと同様に、公衆浴場では大勢の男女の群れが混浴して互いによごし合っていることが多いから、湯から出てきて精神的にも肉体的にも大いに清潔になるというわけにはいかないという。当時は辺鄙《へんぴ》な宿場の旅籠《はたご》の湯ともなると、ずいぶんひどいものがあったようで、毎日湯をかえることをせず、ときには湯が青みがかって臭気ふんぷんとしていたこともあったと、これはアーネスト・サトウの述懐である（『日本における一外交官』一九二一年刊）。

オールコックは、汚い湯に入ったのでは精神的にも清潔になるわけはないと述べていたが、精神的に緊張から解放され、ゆったりした気分になることも、日本人の入浴好きの大きな理由としてあげられよう。家庭湯でさえそうであるが、公衆浴場ともなれば、庶民の社交場としての機能まで加わり、楽しさは倍加するわけである。そこに行けば、顔見知りの誰彼に必ず出遭い、饒舌《じょうぜつ》を楽しむことができる。「床屋政談」という言葉があるが、オールコックは「床屋政談」ならぬ「湯屋政談」ともいうべく公衆浴場を「世論の源泉」と呼んでいる。

なお、これと同じ意見をシュリーマンも述べている（『今日の中国と日本』一八六七年刊）が、明らかにオールコックの引き写しである。この点にかぎらず、シュリーマンの著書は多くにわたってオールコックに依拠している。このシュリーマンは、例のトロイの遺跡の発掘で有名なドイツ人ハインリッヒ・シュリーマンのことである。彼は発掘に先立って世界旅行を行なっており、そのおり、一八六五年（慶応一）に日本に立ち寄って、横浜と江戸に約二ヶ月間滞在した。この間よく歩き回って、旺盛《おうせい》な好奇心で日本人の生活を鋭く観察している。とはいえ、滞在期間の短かさからくる情報収集の不足はいかんともし難く、オールコックへの大幅な依存はそのためと思われる。

つぎは日本人の熱湯好きについてである。私の子供のじぶんには、銭湯に行くと湯が熱くてとても浴槽に入れたものではないので、つい水でうめようとしては、その熱い湯に茹《ゆ》で蛸《だこ》のようになりながら頤《おとがい》まで浸《つ》かってうなっている近所の爺《じい》さんに怒られたものであった。同じような記憶をおもちのかたは少なくないと思う。

日本人の浴場の熱さは、欧米人には度を超した熱さと思えたようで、多くの著者が驚きをもってしるしている。ニュージーランドは日本と同じ火山国で、温泉の湧出は珍しくない。私はかつてニュージーランドのロトルアで温泉に入ったことがある。ニュージーランドの私が入った温泉の設備や浴槽のおもむきは、日本のそれとまるで異なっていたが、最も違っていたのは湯加減だった。私に言わせれば日向水《ひなたみず》ていどに調節されていたのである。久しぶりに温かい温泉に浸かって旅の疲れをいやそうと思っていた私の期待は、見事に裏切られたのである。

ハリスの日記には、十月末のある日彼が冷水浴をするのを見て日本人が驚いた旨の記載がある。十月末といえば晩秋初冬の候である。特別の修行者でもないかぎり、日本人で水を浴びるものはあまりあるまい。ことほどさように、日本人と欧米人とでは沐浴《もくよく》の水温に好みの違いがあるのであり、日本人の熱湯好きは欧米人にとって驚異以外のなにものでもなかったのである。

ペリー提督の日本遠征に随行したドイツ人ヴィルヘルム・ハイネが下田で見た入浴中の男の体は、まるで茹でた蟹《かに》のようであり、体を清めるというよりも中世以前の聖人の殉教のようであったという。日本人ならばさしずめ、石川五右衛門《いしかわごえもん》の釜《かま》ゆでとでもいうところである。入浴というよりも煮られているといった印象であり、自分はその湯に一分間も手を浸けられないほどだったとも述べている（『世界周航日本への旅』一八五六年刊）。オールコックの感想も面白い。彼の一行が箱根《はこね》へ旅したおり、湯本《ゆもと》温泉で一行中の一青年が温泉へ飛びこんだのであるが、彼は飛びこむや否や、茹でえびのように真赤になってあわてて飛び出したというのである。この青年もオールコックも、日本人の皮膚は白人のそれよりも遥かに熱に耐えうるようだと感心している。オールコックはさらに肥前の嬉野《うれしの》温泉で見た人びとについて触れた箇所でも、彼らを自分の知る誰よりも火傷《やけど》によく耐えられる人間と述べている。

ポンペもまた、日本人が湯から出たところを見ると、まるで茹でたえびのようだと印象を語っているが、さすが医学者だけのことはあって、日本人の入浴法の害を説くことも忘れない。彼によれば日本人の入浴の弊害はそれがあまりに度を過ごしていることである。つまり入浴の回数（ほとんど毎日）が多すぎること、あまりにも熱すぎる湯に入ること、そのうえ、入浴時間が長過ぎることである。湯の温度は摂氏五十度というのはざらで、それ以上のことさえある。しかもこの熱湯の中に十五分から三十分くらい入っているのである。こうした入浴のために大変に身体が弱り、皮膚の抵抗力も弱まり、さらに頭部うっ血の原因となって入浴中に急死者がでることも珍しくない。

これがポンペの説く日本人の入浴法の弊害である。五十度は大げさ過ぎようが、いわれてみればなるほどと思う点が多い。それでも私の個人的な好みとしては、湯船一杯にたっぷりと湛《たた》えたやや熱めの湯に、頤までどっぷり浸かるのが、心身のくつろぐ最善の入浴法である。子供の頃は湯に浸かって、よく一から百までとか算えさせられたものであったが、今でも長湯とはいわないまでも「烏《からす》の行水」とは無縁である。たまにホテルに泊ったときに入る洋式風呂などは、私にいわせれば「風呂もどき」もしくは「似而非《えせ》風呂」であって、願い下げである。子供の頃から馴れ親しみ身に染みついてしまった習慣を変えることは容易ではない。一般に、文化とはそうしたものである。たとえ欧米人の目に奇妙とか異常と映ろうとも、それは欧米人にとってはということであって、絶対的な意味においてではない。

なお、すでにお判りのように、タコを忌避する欧米人のあいだには「茹で蛸」という表現法は無い。代って「茹で蟹」もしくは「茹で蝦《えび》」である。

第三章　破廉恥な日本人

1　混浴と羞恥心

江戸時代日本人の入浴慣習となれば、当然つぎにとりあげなければならないのは男女混浴の習俗である。今でもよほど田舎の温泉場などには、脱衣場だけが男女別々で、浴槽は一つというところが無いわけではないが、江戸時代ともなると、田舎はもとより町の湯屋でも男女混浴はあたりまえのことであった。これまた欧米人には理解を超えることであって、多くの著者が驚きをもってとりあげ、日本人の性観念や羞恥心《しゅうち》の特異性から、さらには日本人と欧米人の放蕩《ほうとう》さの比較まで筆を進めているものさえある。

混浴のふうはおそらく、銭湯が普及し始めた十六世紀末当初からのものと思われるが、当局者は必ずしもそれを野放しにしていたわけではない。寛政三年（一七九一）には、江戸で混浴禁止の町触れが出されている。もちろん風紀上の理由からである。しかし、ほとんど実効を伴うことなく、湯屋での男女混浴の慣習は明治までもちこされた。当時は男も女も、若者も娘も、少年も少女も、別に恥ずかしがることなく一つ湯船に浸ったのである。彼らは互いに性別など少しも気にするふうがなかったという。

東京で男女混浴が禁止されたのが一八六九年（明治二）のことで、その翌年にはこれが全国にまで拡大されたが、相変わらず効果はあがらず、一八九〇年（明治二十三）に東京で七歳（かぞえ歳）以上の男女混浴の禁止が再度布告されてから、さしも長い伝統をもつ混浴も急速に姿を消していくことになった。それでも私の記憶では、昭和の初期には、七歳どころか小学校のかなり高学年の男児が、母親につれられて銭湯の女湯に入っていたし、父親につれられた女児も同様であった。

もっとも、かなり早くから男湯・女湯を区別していたばあいもあったようである。一八六〇年（万延一）に江戸を訪れたプロシアの全権公使オイレンブルクの一行は、銭湯の浴槽が板塀で男用と女・子供用とに仕切られているのを見たという（『公式資料によるプロイセンの東アジア遠征』一八六四年刊）。同じ年に、前出のオリファントもまた、江戸の銭湯で男湯・女湯の区別があるのをときとして見かけたというが、法の規制の裏をかくというか、網の目をくぐるというか、男湯と女湯の仕切りは胸まで

下田の混浴場(C. Crow, 1939)

の高さしかなく、実質的には混浴と大差なかった。

幕府の鉱物資源調査の依頼を受けて、一八六二年（文久二）から一年あまりを日本にすごしたアメリカの地質・鉱物学者ラファエル・パンペリーの観察によると、湯屋には「男湯」・「女湯」と記した二つの入口があるが、この仕切りは敷居を越えると終っていて、中に入ると混浴であった（『アメリカ・アジア横断』一八七〇年刊）。辺鄙《へんぴ》な湯治場などで今でも見られるやりかたである。

しかし、そうした辺鄙な湯治場を別にして、すでに混浴が廃されて百年を超える今となっては、ハリスの書記官兼通訳をつとめたオランダ人ヘンリ・ヒュースケンがハリスに語ったというつぎの話は、混浴の長い伝統をもつはずのわれわれでも、にわかに信じがたいものがある。あるときヒュースケンが温泉（どこの温泉かは不明）に行き、そこで真っ裸の男三人が湯に浸かっているのを見た。彼が見ていると一人の十四歳ぐらいの若い娘が入ってきて、平気で着物を脱いで丸裸となり、二十歳ぐらいの若者のすぐそばの湯の中に身を沈めたというのである。

ヒュースケンの語ったという右の話は、ハリスの日記に紹介されている。ヒュースケン自身の日記にはなぜか書かれていない。ヒュースケンは自ら志願してハリスの通訳となり、一八五六年八月二十一日（安政三年七月二十一日）にハリスとともに下田に着任した。以後約四年間通訳官としてハリスに仕えたが、一八六一年一月十五日

(万延元年十二月五日)夜、現在の麻布飯倉《あざぶいいくら》五丁目にあった赤羽根《あかばね》接遇所から麻布善福《ぜんぷく》寺《じ》のアメリカ公使館へ帰る途中、不運にも、攘夷《じょうい》派の薩摩《さつま》藩士に襲われて斬殺《ざんさつ》された。

こうした混浴の有様を目のあたりにして、欧米人の多くが、日本人の羞恥心や道徳はいったいどうなっているのかと疑いたくなったのも、当時の彼らの性観念や性道徳に照らして当然のことであった。彼らがいちように指摘しているのは、日本人が男女を問わず裸を人目にさらすことに何のためらいも覚えないことである。漁夫・船頭・飛脚・駕籠《かご》かきが褌《ふんどし》一本のほとんど全裸であることに、欧米人はまず驚きをかくせない。混浴習俗を知って、ショックはいよいよつのるばかりである。さして広くもない浴室で男女が互いに裸を見せ合うなど、欧米人にはとても信じられる風俗ではなかった。

そのうえ、湯屋から出た男女が、おうおうにして真っ裸で町を歩いている姿も見かけられた。このことは、カッテンディーケ(『滞在日記抄』一八六〇年刊)やポンペが長崎で目にしたところとして、それぞれ記録に残している。

医師ポンペがカッテンディーケとともに一八五七年(安政四)に長崎に着任したことについては前章に触れた。カッテンディーケは、幕府がオランダの協力をえて一八五九年(安政二)に長崎に開設した海軍伝習所の第二代教育班長として着任したのであり、二年余を長崎に在勤し、この間勝海舟や榎本武揚《えのもとたけあき》など草創期の日本海軍の中枢を担う人びとを養成したことで知られる。

裸で町を歩いているというのは、ポンペによれば、湯屋から自宅までが近いばあいのことで、けっして所かまわず素っ裸で歩き回ったわけではない。それにしても、裸のままで町中に出ること自体が欧米人には理解を超える振舞であった。しかし、長崎の町民は、それを見ても誰一人気にする気配はなかったという。それもまた欧米人には驚きであった。

じつはこうした風俗は長崎だけのことではなく、アンベールによれば、江戸でも隅《すみ》田川《だがわ》東岸の本所《ほんじょ》地区では湯屋から出た男女が裸体で歩いていても、日本の習慣ではあたりまえのこととみなされて誰も咎《とが》めることがないという。

欧米人が通るとわかると、珍しい異人を見物しようと、湯屋から素っ裸の男女が飛び出してきたと、これはオリファントが江戸の町で実際に経験したことであった。江戸でさえこれである。明治になってからも、まだ異人を見かけることがきわめて稀《まれ》であった地方では、異人が通るとあれば入浴中でも素っ裸で飛び出して見物するのであった。イザベラ・バードが一八七八年（明治十一）に現在の秋田県の横手《よこて》でそうした経験をしている。

それだけではない。夏の暑い日ともなれば、男は褌、女は腰巻きだけの半裸姿でいることが、当時の下層庶民の普通の風俗であった。一八六一年（文久一）に日本を訪れたフランスの軍人デュ・パンは、ヨーロッパならば若い娘が両親の前でさえ隠そうとするもの、つまり彼女の裸体を、日本では人目に触れさせて何の羞恥も覚えぬようだと呆《あき》れている（『日本』一八六八年刊）。

さて、そこで、こうした風俗に接しての欧米人の感想もしくは論評を整理してみると、つぎの三つの傾向に大別できる。

第一は一番単純かつ独断的なもので、日本人には道徳観念が欠けているために、羞恥心も無ければ礼節も無いのだという一言で片づけてしまうもの。カッテンディーケやオールコックなどがこれに属する。ただし、カッテンディーケもオールコックもそれを日本社会の慣習としてとらえ、日本人の天性とみているわけではない。

第二は、日本人の性観念のだらしなさ、もしくは性的堕落をあらわすものとする見方。いうまでもなくこれは、前の意見と同じく欧米人の性道徳や倫理規範を無条件で絶対視する立場である。ペリー提督に随行したサミュエル・ウィリアムズの見解を、その代表としてあげることができよう。ウィリアムズは日本を、彼が知るかぎりの非キリスト教諸国の中で最も淫蕩《いんとう》な国ではないかと言い、庶民は慎みを知らないといってても過言ではなく、淫《みだ》らな身振りとか春画・春本の氾濫《はんらん》、猥談《わいだん》などは日常茶飯事であって、胸を悪くさせるほど度を超している、と非難してやまないのである。彼は幼児期から厳格なピューリタンの躾《しつけ》を受けてきた人物であるというから、こうした厳しい批判を日本人に加えたのも、彼としてはむしろ当然のことであったろう。ウィリアムズのこの日本人批判は、ペリー提督の「公式報告書」にも採用されたもののようで、そこには、日本人の下層民は「疑もなく淫蕩な人民」であって、「その淫蕩性はただに嫌になるほど露骨であるばかりでなく、不名誉にも汚れた堕落を表わすものであった」という記述がみられる（訳文は土屋喬雄・玉城肇両氏）。春画・春本の類《たぐい》がみられるのはなにも日本にかぎったことではないが、男女混浴はたしかに世界的に稀有《けう》の習俗であった。ペリーのほぼ一年後に箱館を訪れたリュードルフの日記にも、彼が箱館の公衆浴場で実際に目にした光景として、「浴場の中には、男と女（その中には、若い美しい娘もたくさんいた）が、ごっちゃにいるのを発見した。そして真っ裸で湯に入っていた云々」（訳文は中村赳氏）という記述に続けて、「日本のように、男女両性が、これほど卑猥な方法で一緒に生活する国は、世界中どこにもない」と厳しく裁断している。

何度も繰り返すが、こうした批判・非難はもちろん欧米人の観点からのことである。これに対して、欧米人の観点を絶対視せず、欧米の文化も日本の文化も相対的にとらえるべきであるとする意見がある。これが第三の立場である。それを一言でいえば、日本人が特別に淫蕩・卑猥《ひわい》なのでも羞恥心を欠いているのでもなく、欧米人とそのありかたが違うだけのことである。そうした見解に立つ一人、ルドルフ・リンダウはいう。

羞恥心の欠如と風俗の退廃とはまったく別物である。子供は恥を知らない。だからといって「恥知らず」ではない。羞恥心とはルソーが言っているように「社会制度」なのであって、社会が違えば羞恥心のありかたも異なる。フランス人の羞恥心は回教徒のそれとは別であるし、同じフランス人でも、羞恥心のありかたは時代によって異なる。それぞれの民族はその習慣において、何が礼節にかない、何が礼節にはずれているかの基準を作ってきた。こうした社会的約束にはずれた行為こそが「恥知らず」呼ばわりされるべきであって、日本人は混浴や人前での行水を、礼節にはずれた恥ずべき行為とは思っていないのである。

パンペリーは「旅行者の意見は、概して自分の体験の中で強く印象づけられた出来事にもとづいている」、しかし「思慮深い旅行者は、歩き回る最初の段階で、二つの民族間の関係に距離があればあるほど、同じ尺度で彼らを測ることがいっそう困難であることを学ぶ」としたうえで、「一国民を描くには、まず彼らの内的生活――いかに行動し、考え、かつ彼らの家庭関係が何であり、彼らの美徳と悪徳が何であるか――を知らなければならぬ」（訳文は伊藤尚武氏）と、まるで現代の人類学者のような意見を述べる。そして、混浴について、「この習慣はヨーロッパ人にはショッキングなものに思われるが、日本人の謙虚さや礼儀正しさとは完全に両立するものとみえる」と妥当な判断を下している。

デュ・パンの意見も同様で、彼は、風俗は国によって異なるものであり、多くの物事について日本人が欧米人と同じ見かたをしないからといって、十分に物事を見もせず、あらゆる事がらを考慮に入れずに非難するのは正しくない、とむしろ欧米人の態度を批判しているのである。

2 変わる羞恥心

欧米人批判といえば、面白いのは通商条約の締結を求めて幕末の日本に特派されたスイスの首席全権アンベールが紹介しているつぎの逸話である。

一八七〇年（明治三）に公刊された彼の著書『図解日本』にでてくる話なのであるが、一八六七年（慶応三）にパリで開催された万国博覧会に参加した、幕府代表の徳川昭武《あきたけ》の一行中のある侍が、われわれなら夜でも人前では許されないようなことを、白昼公然とパリの真中で行なうのを見せていただいた、と語ったというのである。これはおそらく男女抱擁かキスのことであろう。それでアンベールは、欧米人が日本人には羞恥心がないというならば、日本人は欧米人には道徳心がないと応答することになり、自分としては、日本人には羞恥心がないという一般的意見に同意することはできない、と結論するのである。

こうした風俗は、今では日本でもあまり珍しいことでなくなったが、さきに引用したリンダウも触れていたように、羞恥心は時代とともに変わるのである。欧米人にしても、彼らが日本に姿をあらわす前後のころには、とくに女性が肌を人目にさらすことを、極度に慎みのないふしだらな行為として嫌悪し、宣教師たちは南洋の裸で暮らしている人びとに、ムームーのような服を着せることに熱中したものであった。ところがどうであろう、今ではその欧米の女性が進んで裸を人目にさらし、セックス・アピールを競い合っているではないか。

良きにつけ悪しきにつけ欧米に倣《なら》うことに熱心な日本でも、男女混浴や素っ裸のまま外に出る習慣が消えたいっぽう、太もも丸出しの超ミニスカートや、下着まがいの婦人服が巷《ちまた》に溢《あふ》れて怪しまれぬようになった。この調子では、遠からず町の湯屋での混浴時代が復活するかと、これはまあ冗談であるが、冗談でないのは過激なポルノ小説やヌード写真の氾濫である。

江戸時代にも春画・春本の類《たぐい》はけっこう盛行し、表向きの取り締まりにとどまらず、ときには作者や版元が罰せられたりしたものであるが、明治以降そうした出版物に対する規制はいよいよ厳しくなった。人の「劣情」を刺戟《しげき》し、羞恥心にさからう猥せつ文書・図画というわけである。当局者にいわせれば、社会の公序良俗に反するということなのであろう。

一九五〇年(昭和二十五)に「チャタレイ裁判」、一九七二年(昭和四十七)には「四畳半裁判」というものがあった。前者は、伊藤整《いとうせい》氏が全訳したD・H・ロレンスの小説『チャタレイ夫人の恋人』の性描写が猥せつだとして、訳者・発行者が起訴されたもの。後者は、作家野坂昭如《のさかあきゆき》氏編集の雑誌『面白半分』に掲載された、永井荷風《ながいかふう》の作かともいわれる「四畳半襖の下張《よじょうはんふすましたばり》」が同じく猥せつ文書にあたるとして、編集者・発行者ともに起訴されたものである。前者は一九五七年(昭和三十二)、後者は一九八〇年(昭和五十五)に、それぞれ最高裁判所判決で有罪が確定された。

『チャタレイ夫人……』にせよ「四畳半……」にしろ、現在巷に野放しになっているいわゆるポルノ小説にくらべれば、ずっと穏やかなものである。ヌード写真にいたっては、われわれの年齢のものならば目を掩《おお》いたくなるような露骨なものが、誰もが目にする週刊誌の巻頭を飾り、それをまた若いサラリーマンが、電車の中などで、悪びれるふうもなくページを繰っているではないか。伊藤氏や野坂氏の不運は、時代にいささか先走りすぎたことにあった。何を猥せつとし、何を恥ずかしいとするのかの感情は、けっして時・空を超えて一定不変のものではないのである。

私事にわたるが、私はかつて「四畳半裁判」の二審に、弁護側証人として出廷したことがある。そのとき、検察側は、性の秘匿は人類普遍の感情であり、モラルであると主張し、それをさまざまな民族誌的反証をもってくつがえすのが、私が弁護側から依頼された役目であった。しかし、人類普遍であろうがなかろうが、判事にとって問題だったのは、当時の日本のたてまえとしての「社会学識」に照らして猥せつかどうかということであり、結局、被告を有罪とする一審判決をくつがえすことはできずに終ったのであった。舞台は最高裁に移されたが、ここでも被告が負けたことはさきに述べたとおりである。

欧米人に驚きをもって眺められ、非難されたり弁護されたりした男女混浴と裸を人目にさらして恥じない日本の伝統的習俗も、幕末期来日欧米人がふえるにつれてじょじょに変ることを免れえなかった。一八六三年（文久三）頃から一八八〇年（明治十三）に没するまで二十年近くを日本に住み、「日新真事《にっしんしんじ》誌《し》」や「万国新聞」を発刊するなど、日本の新聞史上に大きな足跡を残したイギリス人ジョン・レディ・ブラックによれば、文久頃までの横浜日本人町には男女混浴の公衆浴場がたくさんあったが、横浜在留欧米人の圧力でしだいに男女別に改められたという。しかし、と彼は付言する。横浜ですたれた後でも江戸ではなお数年続いたし、人前で行水する光景ならば、江戸や横浜の近辺でも明治十年代の初め頃まで見られたものであったと（『ヤング・

ジャパン』一八八〇年刊)。ついでながら、明治の芸能界の異色の存在落語家快楽亭ブラックは、右のジョン・ブラックの長男ヘンリーである。

東京で男女混浴の禁止令の出たのが一八六九年(明治二)であったとはすでに触れたところではあるが、一八七二年(明治五)には人前で裸になったり肌脱ぎになったりすることも禁止されている。これまた欧米人の直接・間接のクレームによるものであった。それまでの日本の肉体労働者は、冬を除いて――否、ときには冬でさえ――ほとんど一年中を褌一本で働いており、これが欧米人にはひどく目ざわりな良俗に反する風俗と映ったのである。外国人居留地のある横浜とその近傍では、すでに幕末期に、神奈川奉行名で明治五年と同様の禁止令が布告されている。

そうした禁令をまたずに、すでに一八六〇年(万延一)当時、人前で肌をさらすことを自戒していたもののあったこともここに紹介しておこう。それは万延元年遣米使節団に参加した玉虫左太夫《たまむしさだゆう》である。使節団をアメリカまで運んでくれたアメリカ軍艦ポーハタン号が、サンフランシスコからパナマへ向けて南下の途中、熱帯圏に入って誰も彼もが暑さに苦しんだとき、日本人が日本の習慣で肌脱ぎになったり、着物の裾《すそ》をまくったり、裸になったりすることを、アメリカ水兵が冷笑していると知って、左太夫は大いに恥入るのである。

アメリカ人は暑さの厳しいときでもけっして肌をあらわさず、下級の水兵でもシャツ・ズボンを着用し、もし肌を露出するものがあれば大いに軽蔑《けいべつ》する。「善俗ナリト云フベシ」と左太夫は感心し、自戒している（『航米日録』）。「他人《ひと》のふり見て吾《わ》がふり直せ」という諺《ことわざ》があるが、まさにそれであり、左太夫のばあい、その「他人《ひと》」はアメリカ人であった。

元治元年（一八六四）に「横浜鎖港談判」のためにパリを訪れた、池田筑後守《いけだちくごのかみ》を正使とする一行に、留学先のオランダから呼びだされた医学生の林研海は、使節団を見物しようとして雑踏するパリっ子の前を、草履取り連中が尻まる出しで練り歩くさまを見て、穴に入りたいほど恥ずかしい思いをしたと述べている。林研海は、一八六二年（文久二）に幕府が最初の留学生としてオランダに派遣した榎本武揚、赤松則良《あかまつのりよし》、津田真道《つだまみち》、西周《にしあまね》ら総勢十五名中の一人である。右の話はパリからオランダに戻った林が語ったところとして、同期留学の赤松則良の談話の中に紹介されている（『赤松則良半生談』）。林も日本にいたときには、おそらく折助《おりすけ》の尻からげを見ても別にどうということもなかったのであろうが、オランダに生活してみて、そうした風俗が「文明民族」たるヨーロッパ人の目にきわめて下品野卑なものとして映ることを悟ったのであろう。

さて、玉虫や林のように、日本人が肌をあらわして恥じぬことを自戒するもののあるいっぽう、一八七二年（明治五）の禁令が出るやいなや、早くも同年四月発行の

『新聞雑誌』第五十号に、「裸や肌脱ぎがいけないというならば、いつも肌脱ぎでいるお釈迦《しやか》様はどうなのだ。邏卒《らそつ》はお釈迦様を打ちすえるとでもいうのか」といった意味の揶揄《やゆ》的記事が掲載されている。多年の習俗を一片の布告で禁止することは、けっして容易ではない。肌脱ぎ、尻はしょりなどは、昭和の初期まで、ごくあたりまえの町の風景であった。

ところが、女性のばあいは禁令をまたずに裸をかくし始めた。これまた欧米人の影響によるものであったが、ただし、それは欧米人の非難をかわすためではなく、逆に彼らの好色卑猥な視線を避けんがためであった。ポンペによると、さきに述べたように、長崎ではポンペが来日した一八五七年当時には、湯屋から出た女性が素っ裸のまま街路に出て、近くならばそのまま自宅に帰ることもしばしばであった。ところが一八六〇年代ともなるとそのようなことがほとんどみられなくなった。それというのも日本の開国にともなって来日欧米人がふえ、彼らはいつもお上品に振舞うとばかりはかぎらないからだ、というのである。

デュ・パンも同様に、ヨーロッパ人が住みつくようになってから横浜では、銭湯から出た女性がきちんと着物を身につけるようになった。それを促したのは、体をほとんど隠さない女性に対して、ヨーロッパ人があまりにジロジロと探りこむような視線を向けるからである、と述べている。

半裸で籾つきをする横浜の農夫(S. Wallach, 1952)

これはずっと後年のことになるが、一八八八年（明治二十一）の初来日以来一九一五年（大正四）まで前後三回通算約十五年間を日本に住み、日本近代登山の開拓者、日本アルプスの紹介者として有名なイギリス聖公会の宣教師ウォルター・ウェストン師は、日本人が伝統的な男女混浴をやめたのは、主として外国人の偏見によってのことであると的確な判断を下したうえで、伝統的な日本では裸体は見てもよいが見つめてはならない、といみじくも喝破しているのである（『知られざる日本を旅して』一九二五年刊）。

ウェストンの意見を裏づける感想を、初め福井藩校、のちに東京の大学南校《なんこう》に「お雇い外国人教師」として勤めたアメリカ人自然科学者グリフィスも洩《も》らしている。彼によれば、男たちは誰一人として女の裸をじろじろ見たりはせず、何の興味も示さなかった、という。これが普通の光景で——とグリフィスは続ける——女の顔や手を見るぐらいの気持ちしか起こらないものらしい、と。

そこでスエンソンのような皮肉な意見もでてくることになる。彼はいう。慎みを欠いているという非難は、裸を恥ずかしがらぬ日本人に対してよりも、それを見ようとしげしげと銭湯の前に通い、好色な視線で眺めては、これはみだらだと恥知らずにも非難している外国人に対してこそ向けられるべきである、と。

さきに引用したように、ペリー提督に随行したウィリアムズは、日本人の男女混浴や裸体を人目にさらして平気なことから一歩進んで、日本では春画や猥談などが日常茶飯事であり、これほど淫蕩な国は他にないとまで断じているのであるが、リンダウは、彼の日本滞在当時（一八五九〜一八六二年）すでに、不良外人の手でヨーロッパ製のいかがわしいポルノ写真がかなり多量に日本国内に出回っていたことをとりあげて、日本人の羞恥心の無さを非難した外国人にこそ、ひどい堕落の栄誉を与えるべしと評している。ウィリアムズはどういう顔でこれを聞くであろうか。

さらにもう一つ、先のグリフィスが、日本で女性の肉体を買う主たる上得意はキリスト教国から来たものである、と述べていることにも注意を促しておこう。

3　性の防波堤

右に引用したグリフィスによると、日本人は開港に先だって二つの場所を作った。税関と女郎屋とである。女郎屋は外国人のために必要な場所であり、日本人にとっては上陸して自由になった外国人から日本人を守るための必要悪と思われた、というのである。税関についてはいうまでもなかろう。

「港港に女あり」ではないが、たしかに幕府はどの開港場にも外国人用の遊郭もしくは妓楼《ぎろう》（女郎屋）を設けた。これまでの日本人用遊郭に気の荒い外国人の船乗りが立入ると、とかく喧嘩《けんか》騒ぎが絶えないからであった。リンダウ、アンベール、スエンソンなど、多くの著者がそのことを指摘している。そうした妓楼の最たるものが横浜の港崎《みよざき》遊郭の岩亀《がんき》楼と五十鈴《いすず》楼とであり、とくに岩亀楼は繁昌《はんじょう》を極めた。そのためか、当時の来日欧米人の著者には、しばしば、「岩亀楼」が外国人向け妓楼一般を指す普通名詞として用いられている。

岩亀楼の名を、のちの日本人のあいだに高らしめたのは、「遊女喜遊《きゆう》伝説」のおかげである。一八六二年（文久二）岩亀楼の遊女喜遊が、アメリカ人と褥《しとね》を共にするよう強要されたとき、つぎの辞世を詠んで自害して果てた、というのである。

露をだに厭《いと》ふ倭《やまと》の女郎花《おみなえし》
ふる亜米利加《あめりか》に袖《そで》はぬらさじ

この伝説については真偽両説あるが、どうやら「唐人《とうじん》お吉《きち》伝説」などと同じく、後人の創作のようである。関心をおもちのかたには、『横浜市史稿――風俗編』（昭和七年、横浜市役所刊）の参照を願っておく。

喜遊伝説からすぐ連想されることは、例の韓国女性の「従軍慰安婦問題」である。同様強制があったのか無かったのか、私には何とも判断のつきかねる問題であるが、同様に岩亀楼をはじめとする外国人向けの妓楼と聞いてすぐ思い出すのは、一九四五年（昭和二十）の敗戦直後に設けられた、占領軍向けの「特殊慰安施設」のことである。これには公・私娼《ししょう》を優先的に充当しつつも、一般公募も含めて一三六〇人の慰安婦が確保され、敗戦わずか二週間後の八月二十七日に、早くも第一号施設が大森小町園に開設されたのであった。占領軍の先遣隊の進駐が八月二十八日であるから、それより一日早かったわけである。

この施設の設立は、そもそも当時の国務大臣近衛《このえ》文麿《ふみまろ》の、これによって日本の婦女子の貞操を守るといういわゆる「性の防波堤」発想から出たもので、内務省警保局長の指令にもとづき、大蔵省主税局長池田《いけだ》勇人《はやと》（のちの総理大臣）あっせんによる融資をえて実現をみたものであった。こんにちでも沖縄その他の米軍基地周辺で、米軍兵士による婦女暴行の性犯罪が絶えないことを見れば、近衛や池田の心配をけっして取り越し苦労だったということはできまい。しかしそれと「性の防波堤」を是認することとは別問題である。公募だろうとなかろうと、「防波堤」となって（あるいは、されて）男性の欲望への奉仕を強いられた彼女たちの人格を、いったいどう考えていたのであろう。

オリファントは、遊女たちを「不幸な犠牲者の群れ」と呼ぶ一方、売春を社会のあらゆる階層に有害な影響を与える悪徳とみなし、それを社会が許容し、あるいは為政者が黙認していることを許しがたいとしている。ポンペのばあいは、そうした遊女の肉体を買って恬《てん》として恥じぬ欧米人の破廉恥ぶりを激しく非難する。この点は、前節の最後に触れたようにグリフィスも指摘しているが、ポンペは、外国で宣教師がちょっと虐待されたといってはすぐ戦争をしかけるキリスト教国の国民が、日本の遊女たちの犠牲において性を享楽し、ただの一言も当局に抗議することなくこの奴隷売春を続けさせていることの矛盾を鋭く衝《つ》くのである。たしかに、欺瞞《ぎまん》もはなはだしいというか、ご都合主義も極まれりの感を免れない。

ポンペは彼が救出した遊女の一例をあげている。ある十七歳になる娘が不幸にして母親を亡くした。父親は眼病を患い、日本人医師の手当てを受けたが病状は悪化するばかりで、その日本人医師はついにポンペに診療を請うてきた。しかしすでに手遅れで、父親はまもなく両眼を完全失明してしまった。娘には幼い三人の弟妹がおり、いまや一家の扶養は彼女一人の双肩にかかることとなった。もともと貧しかった彼女の家では、まだ死んだ母親の墓石も建てられずにいたところへ、日本人医師から父親の診療代を請求される破目にまで立ちいたった。途方にくれた娘はわれとわが身を苦界《くがい》に投じ、その前借金で医師への支払いをすませ、母親の墓石を建て、残った金を父親にゆだねたのであった。

このことを聞き知ったポンペは、日本人の役人に詳しく調べさせてこれが事実であることを確認すると、娘の前借金を遊女屋に支払って彼女を父親のもとに帰らせた。娘と父親はポンペの恩をいつまでも忘れず、ポンペがオランダへ帰国する前日には、ポンペを訪れて懇切に別れの言葉を述べたという。

あまりにできすぎた話で、にわかに信じがたい気もするが、真面目な科学者のポンペのいうところであるから、まんざらの作り話でもあるまい。欧米人は、遊女の多くが似たような悲惨な境遇の身であることを承知しておりながら、なおかつ自らの享楽のために彼女らを買う。それでポンペは、彼らの破廉恥ぶりを激しく憤るのである。

ポンペの怒りはそれにとどまらない。彼の矛先は幕府にも向けられる。いや、幕府こそが悪の根源であるとポンペは糾弾するのである。冥加金《みょうが》と引替えに売春制度を公認するばかりか、これを保護し、特権さえ与えている幕府。ヨーロッパにも遊郭はあるが、その制度は厳しく、幕府のような例は無い。遊女屋は幕府から公認され公開された存在であるので、社会から少しも非難されず蔑視《べっし》もされず、社会の恥部とみなされることもない。こうした社会悪をのさばらせている責任はひとえに幕府にある、というのがポンペの見解である。

加えるに、日本では、男が夫婦間以外のルーズな性交渉をもつことを少しも悪とは思わず、宗教も社会もそれを禁じることがない。これはポンペではなく、彼より三十余年さかのぼったシーボルトの観察したところであるが、「(娼家は) 日本では料理屋と同様、生活に必要なものとみなされているようである。白昼、娼家から出てくるのは、われわれの国でいえばコーヒー店から出てくるのと同様でほとんど問題にならない」(訳文は斎藤信氏)というありさまであった。

さきに述べたように、ポンペは、たまたま知った一人の孝女を苦界から救出した。しかし、こうした個人の善悪で事態がどうなるものでもないことを、ポンペはよくわきまえていた。それで彼は、けっして自己満足することなく、悪の根源である幕府に幾度となくこの問題について抗議を試みる。彼の幕府糾弾は、たんに口先だけのことでなく、実践をともなっていたのである。しかし、残念ながらなんの効果もあがらなかった。個人の力で一国の社会制度、それも他国の社会制度を改めさせるなどということは、しょせん無理な企てだったのである。

4　売春天国日本

日本に開国を迫ったペリー提督の「公式報告書」をみると、ペリー艦隊が江戸湾に停泊中すでに、水兵連中が日本の女性たちと交渉をもった旨が記されている。さきに触れた「喜遊伝説」と思いくらべていささか意外の感に打たれるが、「公式報告書」には、「日本の大きな町々や都会にあっては大いに淫楽が行なわれているものと当然想像される。何故ならばかかることは不幸にもあらゆる大都会における普遍的な法則だからである」（訳文は土屋喬雄・玉城肇両氏）という記述もみられる。

しかし、開国期の日本で「大いに淫楽が行なわれて」いたのは、けっして江戸・大坂のような大都会にかぎられていたわけではなかった。その頃の来日欧米人の著述には、まるで日本国中いたるところに、公娼・私娼が溢れ返っていたような印象を与えかねないものが少なくない。

ペリーの来航より一二〇余年も前に出版されたケンペルの『日本誌』にすでに、彼が江戸参府の往復の道中で見聞したところとして、各地の売春の盛行ぶりが描かれている。その描くところによれば、村や町にある大小の宿屋・茶屋・小料理屋などには淫らな女たちがおり、彼女らは昼頃になると着物を着がえ、おしろいを塗り、競って旅人に甘ったるい声をかけて呼びよせる。こうした点では何軒もの宿屋がたち並ぶ宿場町はとくにひどく、たとえば東海道《とうかいどう》の赤坂《あかさか》と御油《ごゆ》は、ほとんど宿屋ばかりが並んでいて、どの家にも三人から七人の女がいる。それで冗談に「日本の遊女の蔵」とか「共同の研磨機」という異名を頂戴《ちょうだい》した、という。こうした女たちはもちろん私娼であって、いわゆる「飯盛女《めしもりおんな》」である。

ケンペルは大津《おおつ》や四日市《よっかいち》でも同様の光景を目撃したほか、京都では祇園《ぎおん》の路傍に大勢の遊女がいるのも目にした。このように日本ではいたるところで娼婦にこと欠かないところから、中国人が日本を中国の売春宿と呼んだのは不当ではない、とケンペルはいう。なぜなら、中国では娼家と売春とを厳罰を科して禁じているので、若い中国人たちがそのほうの欲望を満たすためによく日本にやってくるからだ、というのである。

ケンペルの見聞の前半は私も肯定するが、最後の中国人の意見については、私にはそれが真実であるのかどうかを判断する資料がない。ケンペルはおそらくそれを、長崎在住の中国人もしくは唐通詞《とうつうじ》からでも聞き知ったのであろうが、真実多くの中国人が日本をそのように見ていたのか、あるいは一、二の中国人が誇張してそのように称していたのか、その辺はまったく不明である。いずれにせよ、日本にとって名誉な話でないことだけは確かである。

ここで改まって日本の売春の歴史を述べるつもりはないが、幕府公認の遊郭は、延《えん》宝《ぽう》六年（一六七八）の藤本箕山《ふじもときざん》の『色道大鏡』によれば、その当時江戸新吉原《しんよしわら》、京都島原《しまばら》、大坂新町《しんまち》、長崎丸山《まるやま》など、全国で二十余ヶ所をかぞえたという。その他、私娼ともなると、ケンペルやシーボルトが見たように、日本全国いたるところにおり、幕府もときにこれを取り締まりはするものの、実際には野放し状態に近く、とくに街道筋の宿場町や港町では、飯盛女が、旅籠《はたご》一軒につき何人というような形で、黙認というか半公認されていた。もっとも栄えたのは大都市江戸、ここでは元和《げんな》三年（一六一

箱館の茶屋(A. Humbert, 1870)

七）に現在の中央区日本橋堀留《ほりどめ》二丁目付近に遊郭の設置が幕府によって許可された。当時このあたりは一面の葭原《よしはら》であったため、吉原遊郭と呼称された。明暦《めいれき》三年（一六五七）の江戸大火（いわゆる振袖火事）ののち、吉原遊郭は浅草千束《あさくさせんぞく》へ移転させられ、以後、吉原といえばここを指すようになったが、正しくは新吉原であり、もとのほうは元吉原である。

江戸は新興の都市として、男子労働力の需要が大きく、それに勤番武士（参勤交代で江戸に出府した侍）も加わって、いちじるしく男性過多の人口構成をもつ社会であった。吉原一ヶ所では男性の欲望をさばききれるものではなかった。私娼をかかえたいわゆる岡場所が市中各所に生まれたわけである。その勢いは、江戸の発展とともにほとんどとどまることを知らず、宝暦《ほうれき》年間（一七五一～一七六四）に約四十ヶ所をかぞえた江戸の岡場所が、安永《あんえい》（一七七二～一七八一）のころには約七十ヶ所にふえたといわれる。しかし、こうした岡場所も、けっして安穏にわが世の春を謳歌《おうか》してばかりいたわけではない。ときに厳しい取り締まりを受け、とくに天保《てんぽう》の改革（一八四一～一八四三）では多くの岡場所がとりつぶされ、私娼は吉原に送られた。改革の推進者水野《みずの》忠邦《ただくに》に風俗匡正《きょうせい》の意がなかったとはいわないが、思うに、幕府に冥加金を納める後任の遊郭吉原が、客を岡場所に奪われまいとして幕府に陳情したためであろう。

江戸には出入口として、品川《しながわ》・千住《せんじゅ》・板橋《いたばし》・内藤新宿《ないとうしんじゅく》の四つの宿場があった。明和《めいわ》元年（一七六四）に品川宿に五百人、他にはそれぞれ一五〇人の飯盛女つまり宿場女郎を置くことが許され、四宿は事実上公認の遊里ともなったのである。品川の飯盛女が他の宿よりも多く認められたのは、宿役の御用が他よりも多いからという理由であったが、東海道第一の宿場であったため、その繁昌《はんじょう》ぶりは他の宿を遥《はる》かに凌駕《りょうが》して、天保十五年（一八四四）の飯盛女の実数は、公許数の二倍半を超える一三四八人をかぞえたという。

余談であるが、長州《ちょうしゅう》の高杉晋作《たかすぎしんさく》とその仲間が、品川御殿山《ごてんやま》に建築中のイギリス公使館を焼打ちするために、文久二年（一八六二）十二月十一日に集合したのが、品川宿の妓楼土蔵相模《ぎろうどぞうさがみ》である。土蔵相模のほかにも島崎、お化け伊勢屋などの大きな妓楼が海浜に沿ってたち並び、船で来る嫖客《ひょうかく》は妓楼の桟橋から登楼することもできた。維新後、大正時代になっても、品川にはなお四十数軒の貸座敷があり、四百人からの娼妓がいたという。

品川と聞いて私がすぐ思い浮かべるのは、右の土蔵相模のほか、落語の「品川心中」と「居残り佐平次」である。前者はもちろん、後者も品川の妓楼を舞台にした噺《はなし》である。落語の舞台にとりあげられるほど、品川といえば妓楼のイメージが強かったひとつの証《あかし》である。

さて、品川は吉原に劣らず繁昌し、遊里としての格も吉原に次ぐものとされ、その地理的位置から、吉原を北国《ほっこく》と呼ぶのに対して南国《なんごく》と呼ばれた。吉原が「ありんす」言葉や花魁《おいらん》道中で代表されるような独特の風俗と格式をもち、庶民が遊興するにはいささか敷居が高かったのにくらべ、品川をはじめとする四宿は、安直に遊ぶことができたため、とくに天保の改革で江戸市中の岡場所が潰滅《かいめつ》状態となってのちには、いよいよ繁昌した。それに反比例して、吉原が凋落《ちょうらく》の途《みち》をたどったのは、なんとも皮肉なことであった。オリファントは、その著書『一八五七―五九年の中国及び日本へのエルギン卿使節団の物語』(一八五九年刊)の付録「(日本における)売淫についての覚書」の中で、品川を貴族の遊ぶところとしているが、これは明らかに吉原の誤りである。

一八六六年(慶応二)に日本との通商を求めて来日したイタリア使節アルミニヨンが、江戸にも横浜にも遊里があって、そこでは何千人とも知れない若い娘たちが淫辱《いんじょく》の日々を送っている、と述べている(『日本および一八六六年の軍艦マジェンタ号の航海』一八六九年刊)。さきほどあげたように、天保十五年(一八四四)の品川宿だけで、飯盛女(娼妓)の実数が一三四八人をかぞえたというのであるから、四宿を含めた江戸・横浜の公・私娼の総数は、アルミニヨンの推測どおりに何千人にも達していたことであろう。けっしてアルミニヨンの誇張だったわけではない。いわんや日本全国ともなれば、その数はそれこそかぞえきれぬほど、と称して過言に当たらぬはずである。

しかし、シュリーマンが、江戸の吉原には十万人以上の娼婦がいると述べているのは、桁《けた》を間違えたのでなければ幾らなんでも誇張が過ぎるというものである。人口百万を超える当時世界一の巨大都市江戸といえども、ありうることではない。当時の吉原は「遊女三千人御免の場所」と称されていた。

もちろん、売春が行なわれていたのは日本にかぎったことではない。欧米のどの都市にも売春宿があり、別に街娼も多いことはよく知られているとおりである。しかし日本の売春は制度化されており、娼妓のあり方にも独特のものがあった。その点に欧米人は注意を惹《ひ》かれている。彼らが日本の売春慣行の顕著な特色として指摘しているところを整理すると、おおむね次のようになる。

(1)　日本では公認された遊郭もしくは娼家は、幕府に税金(冥加金)を納め、これが政府の財源の一つとなっている。

(2)　日本の遊女の多くは、親の貧しさのために売られたものであるから、彼女自身には何の罪も責任もなく、従って汚辱がつきまとわない。社会から同情を買いこそすれ非難されることはない。これに対して欧米の売春婦は、彼女の個人的意志で売春するものが多いから、社会から蔑視され、彼女自身にも堕落意識がつきまとい、更生がほとんど不可能である。

（3）娼家に売られた日本の娘たちは、当初契約した年季が明けるか、身請け金が支払われたばあいには、自由の身となって実家に帰り、結婚することも多い。そうしたばあい、彼女の過去が問われることはない。
（4）六、七歳の幼女期に娼家に売られた娘は、禿《かむろ》として姉妓につかえ、十五、六歳で一本立ちの娼妓となる。この間、禿は女主人や姉妓から行儀作法はもとより、読み書き・裁縫・歌舞・音曲をみっちり仕込まれ、さらには茶の湯・生け花から和歌・俳諧《はいかい》・書道にいたるまでの高い教養を身につける。

右の（2）から（4）にいたる日本の遊女（娼妓）の特徴は日本独特のもので、けっして欧米人の見聞の誤りでも誇張でもない。（3）の例、つまり、かつての遊女が妻に迎えられ、立派な主婦となっている実例を知っている、とポンペも述べている。高い教養を身につけた遊女が、容姿もまた優れているばあいには、大名や豪商に身請けされることもあった。吉原を代表する美人遊女といえば高尾《たかお》の名が有名であるが、これは吉原で一、二を争う妓楼の三浦屋《みうらや》の抱え遊女で、じつは初代から七代までの七人の美人遊女に引き継がれた名前である。そのうち二代目は仙台伊達《せんだいだて》侯に、七代目は姫路榊原《ひめじさかきばら》侯に身請けされたという（異説もある）。紺屋高尾として有名な高尾は六代目にあたり、神田《かんだ》の紺染屋の女房になったところからこの名がある。高尾にかぎらず高級遊女で、豪商でもないただの町人や職人に請け出された例は、むしろ稀である。

こうした教養豊かで才色兼備の遊女礼賛のあまり、浅草寺《せんそうじ》の観音堂（五重塔とも）には、彼女たちを娼徳の範を示すものとして、その肖像画を掲額しており、浅草寺を訪れた欧米人の多くが、驚きをもってそのことに触れている。シュリーマンのように、他の国で非難される娼婦が日本では社会的に名誉ある身分として見られていると仰天し、およそ前代未聞の理解し難いことと呆然《ぼうぜん》としているものもある。

浅草寺に遊女の肖像画が掲額されているということは、当然のことながら、仏教や仏僧が売春行為とか売春婦をどう見ているのかという問題を提起する。しかしこの問題はのちの章でとりあげることとし、ここでは論じない。

最後に、性病について少し触れておこう。よく知られているように、梅毒はコロンブスによってヨーロッパにもたらされ、そこからインド、中国を経て一五一二年（永《えい》正《しょう》九）頃日本に入ったといわれる。この梅毒をはじめとする性病のほか、遊女の中には過労から肺病で死ぬものも多く、ポンペは遊女の健康管理の必要性を幾度となく幕府に訴えるが、ついに幕府のとりあげるところとはならなかった。ポンペは一八六〇年（万延一）に、個人で遊女の検診を行なっており、これが日本における最初の検診といわれている。ポンペは、「政府の怠慢のために、このもっとも恐るべき不健康の状態が徐々ながらますます深刻に拡大しつつある」（訳文は沼田次郎・荒瀬進両氏と憂えている。

役人が公衆衛生に無関心なことは、ポンペと行き違いに来日したアンベールもまた指摘している。

一八六八年（慶応四）の官軍による会津攻めに従軍した医師ウィリスは、江戸から北上して碓氷峠を越え、高田にいたる間に見た住民のあいだに、はっきりと広く梅毒が流行していたという。その十余年前箱館と下田を訪れたリュードルフが、日本の遊女の誰もが、いかがわしい病にかかっていないのはなんとも不思議なこと、と述べているのと甚だ対照的である。どちらかが見誤っていたのでないならば、その違いは地方差あるいは僅《わず》か十数年とはいえ時代差であろうか。

第四章　男尊女卑うらおもて

1　蓄妾のすすめ

よく知られているように、大正天皇は、戦前の日本で婦徳の鑑《かがみ》として景仰された昭《しょう》憲《けん》皇太后、つまり明治天皇生前の皇后の実子ではない。皇后は実子に恵まれなかった。大正天皇の実母はのちに二位局《にいのつぼね》と通称された、明治天皇のいうなれば側室の柳原愛子《やなぎわらなるこ》である。彼女は従一位柳原光愛《みつなる》の次女であり、一八七〇年（明治三）に宮中に出仕し、明治天皇とのあいだに三子をもうけた。その末子がのちの大正天皇である。

当時は、皇族・華族たると平民たるとを問わず、妾《めかけ》をもつことが公認されていた。もちろん、これは江戸時代から引き継がれたものであり、歴史的にはもっとさかのぼることができる。いまでも、「二号さん」とか「愛人」とか名を変えて、実質的に妾は存在するし、そのために総理大臣の地位を棒に振った政治家もあるが、妾の存在が非公認となったのは、一八九八年（明治三十一）のことである。ただしその以前でも華族が妾をもつばあいには、そのことを宮内卿《くないきょう》あてに届け出なければならなかった。
欧米を手本とする文明開化の世になったというのに、明治三十一年まで蓄妾《ちくしょう》が公認されていたとは、それが伝統とはいうものの、意外の感を禁じえない。しかし、じつはすでに一八七二年（明治五）に、司法卿江藤新平《えとうしんぺい》と司法大輔《たいふ》福岡孝悌《ふくおかたかちか》の両人が連名で、廃妾の建白書を太政官に提出しているのである。一夫一婦は自然の配合であり、蓄妾は天数配合の理に反するばかりか、往々家門和睦《わぼく》の道を破るから、今後一夫一婦制にすべきである、というのがその建白の主旨であった。ところが、翌年に太政官は、家の後嗣を確保することがわが国古来の国風であるから、蓄妾はむしろ必要であるとして、江藤らの建白を却下したのである。

たいした家産も無ければ、誇るような家名ももたない庶民からすれば、建前はともかく実際には、後継ぎがあろうが無かろうがそれほど問題ではないが、立派な家名をもち、大きな資産をかかえた身ともなれば、たしかに継嗣の確保はゆるがせにできない問題であろう。その点で、明治天皇が側室をもったことは正解であった。徳川将軍とて同様である。当時は乳幼児の死亡率がきわめて高かったから、多数の側室をもち、多数の子供を生ませることが必要であった。一七八七年（天明七）から一八三七年

（天保八）まで在職した十一代将軍徳川家斉《いえなり》は、四十人の側室をもち、五十五人の子女を生ませたという。

　側室の数が四十人ともなると、これはもう単に継嗣を確保するため、というだけでは説明しきれない。家斉の並み外れた好色性を考慮せざるをえないだろう。

開国期の日本を訪れ、日本の蓄妾制に触れている欧米人は少なくないが、これを家系維持のための安全装置としてとらえているものとなると、逆にきわめて少ない。その少ない一人、グリフィスによれば、正妻に子ができないばあいには、妻がすすめて夫に妾をもたせることが多いという。ただし、彼は、正妻のほかに妾をもつ男の実際の割合を全人口の五パーセント以下、そして、経済的にそれが可能な男の割合を二十パーセントぐらいとしている。何を根拠にしてこうした数値をはじきだしたのかは、残念ながらグリフィスは明らかにしていない。

　徳川家斉の好色性についてさきに触れたが、家斉ならずとも、妾をもつことには、継嗣を確保するという目的以外にも、男の性的欲求が大いにかかわっていたことはいわずもがなであろう。本書の第二章の第一節でとりあげたように、オリファントが、日本の男が小間使の形で妾を何人でも彼の世帯に抱え入れているのは、正妻が剃眉・お歯黒で醜く変身してしまい、女性の魅力を失ってしまっているのに対して、妾たちは剃眉もお歯黒もせず、自然の美《び》貌《ぼう》を保っているからだと述べていたことを想起されたい。

オリファント説の当否はともかく、当時の日本で妻妾同居《さいしょう》が稀《まれ》でなかったことは事実である。妾といえば他所《よそ》に囲うもの、とはかぎらなかったのである。フィッセルはこうした妻妾同居の実例を自分の目で確かめたといい、そうしたばあいの妻と妾の関係を、はじめは女主人と召使いとして出発し、妻は妾の尊敬を受けるよう振舞い、妾は妻によく仕えるよう心を配り、これがうまく運ぶうちには妻と妾が姉妹のような交わりにまで進み、妾は最後には家族の一員とみなされ、永久にその家に結び付けられる、という。

このような妻妾同居の実例を目のあたりにしても、欧米人はこれを蓄妾制としてとらえ、一夫多妻制とは見なかった。日本で妻・妾の別をはっきりと立てるようになったのは、だいたい江戸時代中期以降のことで、それ以前には、妻と妾とで多少地位の違いはあるものの、一夫多妻制であったといってよい。ところが、江戸時代中期以降になると、武士・庶民を通じて、妾はその地位がいちじるしく低下して奉公人となった。「妾奉公」という言葉が暗示するように、妾は遊女と同じように身代金を受けとって身売りしたのである。これまた遊女と同様に、蓄妾つまり妾をもつことも公認されていたが、欧米人はおそらくは妻と妾の身分・地位の違いを実見するか、日本人から聞かされるかして、日本の婚姻制度を一夫一婦制としてとらえたのであろう。オリファントは、日本では一夫多妻制は許されていない、とはっきり述べている。

蓄妾が公認されているということは、既婚の男性が複数の女性と性的関係をもつことが許されているということである。未婚の男子にかぎらず、既婚男性もまた遊里に通うことを、少なからぬ欧米人が蓄妾制とともに道徳的な観点から難じている。ゴンチャローフは、通詞《つうじ》の森山栄之助《もりやまえいのすけ》（のち多吉郎《たきちろう》と改名）との雑談で、ゴンチャローフがロシアへ行こうと誘ったところ、栄之助が十ヶ月の女児をもつ妻帯者であるにもかかわらず、ロシアには女がいるかと尋ねたことをあげて、これが日本のドン・ファンであると嘲笑《ちょうしょう》している。

ポンペもまた、日本人は夫婦以外のルーズな性関係を悪いこととは思っておらず、日本の宗教も社会も男子に婚外交渉を禁じていない、と非難している。幕末もぎりぎりの時期に約一年間日本に滞在したデンマークの海軍士官スエンソンも同様に、そのことが日本人の倫理観の根本に抵触することはない、と述べている。

ついでながら、スエンソンは、妾が家の中で正妻と同じ地位を与えられていると記しているが、すでに述べたようにこれは明らかに誤りである。

高潔な欧米人が日本の蓄妾制や男性の婚外交渉を難ずるのは、いうまでもなくキリスト教倫理の立場からである。グリフィスはいう。

「イエス・キリストの教える精神道徳のみが、とりわけ純潔が、日本人にアメリカ人と同じ家庭生活を与えることができる。アメリカ人の過ちや罪、アメリカ社会の腐敗や失敗にもかかわらず、その家庭生活、社会生活は、日本人よりも計り知れないほど高くて純潔であると信じる」(訳文は山下英一氏)。

そこで当然のことながら、彼らの非難の矛先は仏教や神道といった日本の宗教に向けられることになる。グリフィスの見るところ、日本人のあいだには一般に、色欲を思っただけ、色欲をもって眺めただけで罪を犯すという考えが知られておらず、このような低い道徳状態にある日本人の心を清めるには、仏教や神道の教義はまったく無力だ、という。

アルミニヨンも、日本の仏教の僧侶《そうりょ》たちは、祈りと苦行と隠遁《いんとく》とによって宗教の聖なる炎を保ち続けているようであるが、ただし、肉欲だけは別であり、われわれには理解困難であるが、日本人にとって魂の神聖と娼婦《しょうふ》の売買とは矛盾しないらしいと述べ、仏教の戒律のうち、姦淫《かんいん》の罪はあまり守られていないと、にがにがしく指摘している。

キリスト教徒が、日本の男性のルーズな性関係を難じたい気持ちはわかるが、そうした欧米人も、じつはあまり立派な口をたたけないはずである。明治初年に来日したお雇いアメリカ人教師の中には、十人もの日本女性を家に囲って楽しんでいるものがいた、とグリフィスが嘆いているのである。

右の十人の日本女性に「現地妻」という言葉が妥当するのかどうかは疑問であるが、既婚・未婚を問わず単身赴任の男性が、異郷で「現地妻」をもつことは、昔も今も、そして洋の東西にかかわりなく、けっして珍しいことではなかった。第二次大戦の敗戦後、日本を占領した連合国軍の中には、「オンリーさん」と呼ばれる日本女性を抱える将兵が稀ではなかった。「オンリーさん」は誰にでも身を売るのではなく、特定のある一人にだけ専属しているから「オンリー」さんなのであって、これなどは一種の「現地妻」と称してよかろう。

その「オンリーさん」を開国期の日本に移し替えたばあい、もっとも有名なのが「唐人お吉」であろう。唐人お吉の名が人口に膾炙《かいしゃ》するようになったのは、昭和の初期に、彼女を心ならずもハリスに身をゆだねた悲劇のヒロインとする物語が、小説・演劇・歌謡曲などにとりいれられてからのことである。お吉はもと下田の船乗りたちの着衣を洗う洗濯女で、かたわら彼らに春をひさぐこともしていたようであるが、病弱のアメリカ総領事ハリスの看護婦に雇われたことで運命が一変した。潔癖症のハリスは彼女を不潔として遠ざけ、僅《わず》か三日で解雇した。しかし、お吉のほうは、異人に肌を許したと下田の住民に誤解され、「唐人お吉」の悪名を負わされた。当時は、中国人にかぎらず外国人一般を「唐人」と呼ぶのが庶民のならわしであった。その後のお吉は下田を離れて横浜に移り、一時は大工鶴松と同棲《どうせい》するものの長続きせず、職を転々としたあげく、下田の稲生沢川《いのうざわがわ》に身を投げて死んだ。享年五十。右に概略を述べたお吉の実際は、ハリスの「日記」の訳者坂田精一氏に従ったものである。同氏によれば、「お吉伝説」は昭和の初期にこれを「実話」と銘打って発表した十一谷義三郎《じゅういちやぎさぶろう》氏の創作にもとづくという。その十一谷氏の創作も、実は村山春水氏が書きためていた未刊の小説に大幅に依拠していたというのであるから、何をか言わんやである。

ハリスはお吉を拒否したが、これに先立ち、下田奉行がハリスに婦人周旋《あっせん》の申し出をして、これも拒絶されている。ハリスはこのことを日記に書きとめている。ハリスはこのように、自分自身についてはきわめて潔癖であったが、彼の通訳兼秘書官で若いヒュースケンのために、経師屋《きょうじや》平吉の娘お福を配している。異郷で孤独な生活に悩んでいたヒュースケンを見かねてのことであった。

孤独な生活に悩むといえば、ヒュースケンなどよりもっと古く、出島のオランダ商館に幽閉同然の生活を余儀なくされていたオランダ人や、長崎唐人屋敷の中国人も同様であった。それで、幕府は、同じ長崎の丸山遊郭の遊女にかぎって右の両所への出入りを許し、彼らの孤独を慰めさせたのであった。そうした遊女の中でももっとも有名

江戸時代、海外との人・文化交流と交易の場であった出島
(A. Humbert, 1870)

なのが、シーボルトの「現地妻」お滝《たき》さん（のちに楠本《くすもと》姓をえる）であろう。彼女はもと丸山遊郭引田屋の、源氏名を其扇《そのぎ》と称する遊女であったが、シーボルトと同棲《どうせい》するにおよんで本名に戻った。彼女はシーボルトとのあいだに、いねと名づけた一女をもうけた。このいねが、のちにシーボルトの日本の弟子たちに教えをうけて、日本における西洋医学を修めた女医の第一号となる。彼女は一八七三年（明治六）に産科医として宮中御用を果たしたのち、一八七七年（明治十）にいったん長崎に戻るが、八二年（明治十五）に再び宮中に出仕、一九〇三年（明治三十六）に麻布狸穴《まみあな》で生涯を閉じた。享年七十七歳。お滝はすでに一八六九年（明治二）に六十三歳で他界していた。

シーボルトは、いわゆる「シーボルト事件」によって、日本からの永久国外追放の処分をうけたが、一八五八年（安政五）に日蘭通商条約が結ばれるにおよんで追放を解除され、その翌年には正妻とのあいだにもうけた長男アレクサンダーを伴って再来日した。これによってシーボルトは、お滝やおいねと再会を果たした。このときシーボルトは六十四歳、お滝五十三歳、おいね三十三歳であった。

ここまでならば、シーボルトの「現地妻」物語もまだ良かったのであるが、残念な後日談があるのである。シーボルトは六十四歳という年齢にもかかわらず、精力家というか、好きものというか、約二年間の再滞日中に、四人の愛人をつくったというのである。

こうした事実に触れてみると、日本人の性的ふしだらさを難ずる欧米人の言葉に、素直に耳を貸す気になれなくなるのもやむをえまい。公然つまり社会がそれを認めているならば非難され、非公然ならば黙許するということか。偽善も甚だしいというべきであろう。

2　三行半《みくだりはん》

それにしても、日本の男性が雑談の話題として、好んで女性のことをとりあげるのは事実といってよかろう。これは何も近年の若者のあいだだけのことではなく、江戸時代とて同じであり、しかも、いわゆる下賤《げせん》な熊さん八つぁんの仲間にかぎられていたわけではない。

ゴンチャローフは一八五三年八月二十四日（嘉永六年七月十八日）、ペリー艦隊の浦《うら》賀《が》来航に約一ヶ月遅れて、日本の開国を求めて長崎を訪れたロシア艦隊の旗艦パルラダ号の艦上で、翌年の一月十六日（嘉永六年十二月十八日）に、日本側全権団の一行を饗応《きようおう》したおりの経験として、全権の一人川路《かわじ》左衛門尉聖謨《さえもんのじようとしあきら》が、出された洋菓子を懐紙に包んで懐中にしまいこみ、別にどこかの美人にもっていくわけではありませんよと冗談を飛ばしたこと、それがきっかけとなった話が女性談義に移り、日本側がかなりきわどいところにまで踏みこんだことを記している。川路聖謨は、彼と接したほどの欧米人がこぞってその頭脳を称揚する、犀利《さいり》な官僚であった。

右の一件に関連してゴンチャローフは、日本人は「あらゆるアジア民族と同様に官能に耽って、その弱点を隠そうともせず、また責め立てようともしない」（訳文は高野明・島田陽両氏）と述べるだけで、とくに不快感は示していない。

ゴンチャローフと対照的なのが、下田で日本側と外交交渉に当たっていたハリスである。彼が、日本側の女性斡旋《あっせん》の申し出をことごとく拒否したことについてはすでに触れたが、彼によると、交渉が一段落して雑談に移ると、話題はつねに一点に集中したという。その唯一の話題というのは、アメリカの女性についての雑多な質問であった。ハリスはうんざりして、「私は、それらの大部分を書いて、この（日記の）紙面を汚そうとは思わない」（訳文は坂田精一氏）と忿懣《ふんまん》やるかたない。

私にいわせれば、男女を問わず、異性に関心を抱くのはごく自然なことで、卑猥《ひわい》におよばぬかぎり、ハリスのように目くじらを立てる必要はないのではないか。七十三年の生涯を独身で通したハリスのほうが、かえって異常だったのではないかとさえ思いたくもなるのである。

とはいえ、日本人が性に関して、良くいえば大らか、悪くいえばルーズだったことは否定できないようである。さきに「混浴」の項で触れたように、ウィリアムズが、日本人の淫蕩性《いんとう》の証《あかし》の一つとして、春画・春本の氾濫《はんらん》をあげていたが、アンベールも、日本では艶笑文学《えんしよう》が商品として公然と売買され、しかも飛ぶように売れていると驚いている。アーネスト・サトウは、一八六七年（慶応三）のあるとき、大坂で四人の会津藩士と会食する機会をもった。そのおり、べろべろに酔った会津藩士の一人が、女・子供の耳には入れられないような猥談をやり始め、別の一人は春画を分けてくれた、と語っている。

日本の蓄妾制の話から、少々脇道にそれてしまった。本筋にもどそう。そもそも蓄妾制の話をしたのは、日本が男性中心というか、男の身勝手な社会、いわゆる男尊女卑社会であることを示すためであった。蓄妾制に関して述べている欧米人はことごとくそのことを認識し、たんに日本の男の好色性の証としてばかり見ていたわけではない。たとえば一八五五年に箱館に入港したアメリカの傭船《ようせん》の船荷監督であったドイツ人リュードルフは、日本では妻は夫に一方的に従い、夫の勝手気ままな扱いを受ける。その一方で、夫には好みや資力次第で何人もの女たちを囲うことが認められていると述べ、オールコックにいたっては、日本の家庭では母親自身、自分の自由意志や女性としての権利はまったく無視されて、夫が生きているあいだは、家のなかであくせく働いたり、奴隷として扱われてきたのかも知れない、と言い、合法的な蓄妾制度のある国でどうして家庭の関係の神聖さが維持できようか、と批判しているのである。しかも彼は、この家庭の神聖さこそが文明の基礎であるとしている。これを別の言葉でいえば、女性の社会的地位が文明の尺度である、ということになるのであろう。

蓄妾制度の公認や男の性的放縦の許容と並んで、日本が男尊女卑社会であることを示すもう一つの指標は、離婚の権利を男だけが握り、また、有夫の女性の密通が厳しく罰せられることであり、このことも多くの欧米人が注視している。離婚は、夫が一方的に妻に言い渡すことができた――いわゆる三行半《みくだりはん》――のに対して、妻の側から夫を離縁することはできなかった。グリフィスは、夫が妻を離縁できる条件としてつぎの七ヶ条をあげている。

一　妻が夫の両親に従わない。
二　妻が不妊症。
三　妻が好色で不身持。
四　妻が嫉妬《しっと》深い。
五　妻が悪疾にかかっている。
六　妻が盗みをした。
七　妻がおしゃべり。

この七ヶ条をグリフィスは孔子《こうし》の教えであり、日本で法律が認める道徳の基礎になっている、と称しているが、実はこの七ヶ条は前漢《ぜんかん》の戴徳《たいとく》が撰《せん》した「大戴礼《だいたいれい》」である。日本でも多くの書物に紹介されており、一般にかなり広く知られていたもののようである。

グリフィスはこの七ヶ条のうち、第七条が離婚の理由とされることが多いと指摘している。しかし、男が妻を離婚しようと思うならば、この七ヶ条にかぎらず、どんな理由づけでもできたはずである。なにしろ、当時の日本は、妻をはじめ家族成員は、夫であり父である家長に従うものという父（夫）権社会だったからである。

右の第三条に、妻が好色で不身持の場合というのがあるが、そうした場合に当該男女にどのような罰が科されたかは時代によって異なる。オリファントは、男女とも死罪、スエンソンは、女だけが死罪で男は罰せられないとしている。江戸幕府は公刑主義をとり、密通にもいろいろの場合があることを想定していて、刑罰にも軽重を定めている。たとえば、有夫の女と密通した場合には、男女とも死罪、主人の娘と密通した男は中追放、というぐあいであった。

例外的に、夫が妻とその間男とを私的に殺害することを認めてはいたが、もし間男が逃亡した場合には、妻の処分は夫の心次第とした。しかし、実際には、間男が夫に七両二分の賠償金を払うか、夫が妻を離縁することで和解する例が多かったようである。

なお、一八八六年（明治十九）に勝安芳（海舟）の三男梅太郎と結婚したクララ・ホイットニーの一八七六年（明治九）当時の日記には、若い男女は互いに隔てられていて交際することがない一方、男は既婚婦人とならば平気で話をすることができたから、妻は夫の友人と恋愛関係に陥ってトラブルを起こすことが珍しくないという記述がみられる。これを書いたときのクララはまだ十六歳の少女である。それにしては男女関係の機微によく通じたものと、半ばあきれ半ば感心させられる。同時に、いわゆる不倫が何も当今の流行ではないことも知られる話である。

3　女の実力

ここしばらく、開国期に来日した欧米人が、日本の売春・蓄妾・離婚などの諸慣行を知って、日本の男性の性的放縦から身勝手さ、横暴さ、さらには日本社会のしくみについて厳しい批判を加えたことを見てきた。こうした男性中心の社会というのは、裏がえしていえば、女性が蔑視《べっし》され、虐げられた社会である。欧米人はこの点もはっきりとらえている。

ペリー提督に随行した首席通訳ウィリアムズは、どのような根拠によってかは明らかにしていないものの、日本の社会制度の癌は女性蔑視にも見られたと述べているし、グリフィスにいたっては、日本の極端な保守主義者たちは西洋の男女平等思想は家庭の平和を乱し、ついには社会・国家の滅亡へ導くとさえ考えている、と論じている。

いまの若い世代の人たちには信じがたいことであろうが、たしかに、第二次大戦敗戦前の日本では、一部の女権論者をのぞいて、大多数の日本人は右のような教育をさずけられて、そのように信じこまされていたのである。教育ではなく民俗信仰としてならば、いまでも地方によっては、女性を不浄視する民俗がしぶとく生き残っている。

女性蔑視の思想は、家族内にあっては、当然のことながら、妻の地位を夫にくらべていちじるしく低く位置づけることになる。アルミニヨンはそのことを指摘したうえで、家事に専念して夫や子供たちの世話に明け暮れ、自身の楽しみを求めない妻の姿を描いている。

スエンソンの表現はもっと過激である。彼は日本の女性の地位を、日本の社会秩序中のもっとも悲惨な部分であると言い、女性の地位は奴隷のそれとさして変わらないと見る。具体的には、義務ばかりが多くて権利などはほとんど無いに等しいというのである。彼はまた、日本人のあいだには恋愛結婚はめったになく、双方の両親か親戚《しんせき》が当人の意思にはおかまいなく決めてしまうのが普通で、婚礼の当日まで新郎新婦が互いの顔を知らないということさえ起こる、とあきれかえっている。

結婚の形成には、地域差・時代差・身分差がからんで、けっこう複雑なものがあるが、武家や富裕な町人層にかぎっていえば、スエンソンのいうところもまんざら当たっていないわけではない。

彼は、上流階級の夫人が、まるでハーレムの女性のようにほとんど軟禁状態におかれ、外出もままならないことも指摘し、その理由として、夫人が公衆の前に姿をあらわすことは、夫婦双方の威厳にかかわる恐れがあるからだろうとしている。スエンソンは、自身で江戸とその周辺、さらに大坂を精力的に歩き回って、日本人の生活に関する情報を収集しているから、右の所見は彼自身のものと思いたいが、しかし、ひょっとすると、オールコックの影響がなかったともいえない。というのは、すでにスエンソン以前にオールコックが、例の『大君の都』の中で同じことを指摘しており、スエンソンにはこれを参照する十分な時間的余裕があったからである。

ところで、こうした日本の男尊女卑思想の根源を、日本の宗教に求める意見のあることが注意される。グリフィスの意見がそれである。彼によれば、日本の女性の地位を低からしめている責めは仏教自体が負わねばならぬ。仏教徒の教義、寺院の戒律、修道僧の禁欲主義の目には、女性は誘惑、罠《わな》、不浄なもの、平和と神聖の邪魔者にすぎないからである。グリフィスの考察は日本に普及している儒教道徳にもおよび、つぎのような基本的義務が広く実行されているとして、①女は子供のときには父に従い、②嫁しては夫に従い、③寡婦となれば長男に従う、をあげている。そして、日本女性の性格の長所も短所も、「従順」という一つの徳に由来していると、まことに的確な判断を下しているのである。

日本女性の社会的地位をいちじるしく低いとする意見がある一方、オリファントのように、日本の女性の地位をむしろ西洋女性のそれに近いと見るものもある。彼によれば、日本女性には東洋で一番多くの自由と享楽が与えられているという。「東洋では」という条件がつきながら、男性の下位に置かれてはいるものの日本女性は、他の諸民族の女性にくらべて一番地位が高く、一番自由であり、ずっと尊敬と思いやりで遇されているとする意見は、オリファントのほかにも多く見られる。

どういう点で彼らは、日本女性が東洋で一番自由と享楽を与えられていると見たのであろうか。さきほど述べたように、彼らは上流の妻女を、まるでハーレムの女性のようにほとんど軟禁状態におかれ、外出もままならないと見た。その一方で中・下層の女性については、彼らがいちように驚愕《きょうがく》してその解釈に頭を悩ましたように、湯屋で平気で男女混浴し、裸のままで戻る事実を知った。

それだけではない。彼らは中・下層の女性が、自由に外出し、とくに女どうしで互いに行き来し、長居しておしゃべりを楽しんでいることにも注目している。彼女たちが社交好きで、物見遊山にも出かければ、舟遊びも楽しみ、とくに芝居見物を非常に好み、自分自身でも踊りや三味線をたしなんだことについての指摘は多い。こうしたばあいには、男性も加わるのが普通で、アンベールは、男女が何のこだわりもなく会話のできるのが日本だ、と感心している。

面白いのは、ヒュースケンのつぎの観察である。一八五七年九月三日（安政四年七月十五日）、ヒュースケンは下田で盂蘭盆会《うらぼんえ》を見たが、祈っているのはほとんど女ばかりで、男の姿はめったに見かけなかった。ヒュースケンの観察はさらに進み、神社であろうと寺であろうと、礼拝の場所に集まるのはつねに女であるという（『日本日記』）。

ヒュースケンのこの箇所を読んですぐ私が思い浮かべたのは、「お婆ちゃんの原宿《はらじゅく》」といわれている東京巣鴨《すがも》の「とげ抜き地蔵」のことであった。女性が男よりも信心深いということもあるのかも知れないが、礼拝の場が信仰にかこつけて、女性たちの平素の男の抑圧からの逃避と社交の場となっていたのではあるまいか。この件も含めて欧米人の見た日本女性の社交好きの実態は、いまとまったく変わらないようでたいへん興味深い。

いまと変わらないといえば、娘たちの生態もそうである。男尊女卑社会といっても娘たちは結構甘やかされていたらしい。スエンソンが、日本娘の青春謳歌《おうか》をつぎのよ

訪問先へ向かう女性の集団(A. Humbert, 1870)

うに描いている（訳文は長島要一氏）。

「若い娘は自由気ままを満喫していて重労働をやらされることも稀で、娘時代になすべきふたつの仕事、楽しむことと身を飾ることに、身分相応、十二分に没頭することができる。娘たちの優雅なる暇つぶしは笑うこと、おしゃべり、お茶を飲むこと、煙草をふかすこと、化粧、それから何度もある祭りの催しに参加することである。」

もちろん、貧家の娘はこうはいかない。彼女らは、幼い弟妹の子守りや水汲《く》み、炊事、洗たくなどの母親の手伝いから農作業まで、広く家内外の労働を分担し、ときには親のためにわが身を犠牲にして、娼家に身売りすることさえある。グリフィスが、親孝行を日本女性の堕落の原因の一つにかぞえあげたゆえんである。

たてまえと本音の違いとはよくいわれることであるが、男尊女卑社会日本においても、女性がけっこう自由を享受しているさまを欧米人たちは観察していた。彼らはけっして観察を誤っていたわけでもないし、誇張して描いたわけでもない。

江戸学の祖といわれる三田村鳶魚《みたむらえんぎょ》氏の考証によると、遅くとも宝暦《ほうれき》（一八世紀中葉）以降には嬶《かかあ》天下が目立ってくるという（『江戸の女』）。具体的には、裏店《うらだな》のものでも娘たちは着物や化粧にうつつをぬかして遊芸にふけり、噂連中は、亭主が未明から棒手振《ぼてふり》などで家業に精出しているというのに、亭主の留守をよいことに、寄り集まっては亭主を甲斐性《かいしょう》なしなどと罵《ののし》り合い、芝居見物や物見遊山に遊びほうけ、疲れて帰ってきた亭主をあれせよ、これせよと頤使《いし》し、まるで女房が主人で夫は下男のように気随気儘《きずいきまま》に振舞う、というのである。こうしてみると欧米人が現実によく迫っていることに感心させられる。

とはいうものの、中・下層の女性たちはこうした社交や遊びにばかりうつつをぬかしていたわけではない。彼女らの労働についても欧米人はしっかり観察している。オイレンブルクの一行は、商家の店先に女性が売子として坐《すわ》っていることを見ているし、茶店や旅籠《はたご》に給仕や女中として、女性が忙しく立ち働いているさまについては、多くの報告がある。

商売ではどうやら女性が主役を演じたようで、ウィリアムズは、下田で観察したところとして、その日記につぎのような記録を遺《のこ》している（訳文は洞富雄氏）。

「女たちが商売の切盛りになんとえらい働きをしているかを見て、驚かされたものだった。うすのろ亭主が、われわれが買おうと思っている品物の値段についで、女房の考えを聞かざるを得なかったことから、がみがみ女房といっしょになって、亭主をからかい、面白がって騒いでいる大勢の連中を店先で見たことがある。どの店でも、ほとんど女が台（商品の陳列台のこと――石川注）の所へ出てくる。何事であれ、女はしゃしゃり出るのだ。」

「うすのろ亭主」とは、なんとも気の毒な言われようだが、オールコックに言わせると、日本中どこでも男はとくに計算が苦手のようで、女は亭主よりも遥《はる》かに計算上手である。それで、足し算や掛け算をするときには、かならず主婦の調法な才能にたよることになる。

商売の実務や商才は、女性のほうがたけていたのかも知れない。アンベールは横浜南方の金沢八景《かなざわはっけい》（現・横浜市金沢区）へ小旅行をしたおり、旅籠の女主人がつまらぬ版画をどっさり持ち込んできて、アンベールの仲間の、まだ日本の風俗をよく知らない人に、よい鴨とばかり盛んに売りこみを計った、と述べている。

女の仕事は商売にだけとどまっていたわけではない。アンベールは、女たちはすべての産業部門にその働く部署をもっていると言い、江戸の本所地区で見たところにもとづいて、日本には大規模な工場は存在せず、すべてが家族労働による家内工業であることに注目している。家内工業には、家族の男ばかりか女たちも働いたのである。

リュードルフの一八五五年（安政二）の日記には、伊豆《いず》の戸田村《へだ》で見たところとして、たいていの家では、男は何もしないで囲炉裏端に陣取ってタバコを吸っているだけだが、女たちはみな糸を紡いだり機を織ったり、縫いものをしたりというように忙しく働いていた、という観察記事がみられる。

戸田の男たちの名誉のために一言するならば、戸田は漁村であり、造船の村でもあるから、漁の無いときや舟造りの注文の無いときには、男たちは無聊《ぶりよう》をかこっていたのであろう。

会津戦争に従軍したイギリス人医師ウィリスは、越後地方の女性を日本の代表的美人と見ているが、ただし、彼女らはなよなよとした美人なのではなくて、たとえば、険しい坂道を重い荷を背負って黙々と運ぶたくましさと忍耐力をそなえているという。そしてまた、女たちが街道上で人夫の仕事をするのはこの地方だけである、とも記している。

落語の熊さん、八つぁんの世界には、しばしば嬶天下の噺《はなし》が出てくるが、欧米人の見聞記の中には、私の知るかぎり、そうした話は見あたらない。さきほどの、商売を女性がとりしきる話などが、それに近いのかも知れない。もっと近いのは、グリフィスがとりあげている話であろうか。

その話とはこうである。廃藩置県のほんの少し前、一八七一年（明治四）に福井藩の藩校明新館の理化学担当のお雇い外国人教師として福井に着任したグリフィスは、藩の世話で佐平という名の下男を雇う。佐平は女房と赤児と子守りの少女（名はおぶん、十一歳）、権次という名の炊事係の少年から成る世帯もちで、藩からグリフィスに与えられた家に世帯ごと住み込むことになる。そのおかげでグリフィスは、日本庶民の生活を常時身近に観察することができた。すでに明治の世とはいえ、東京から遠く離れた福井あたりでは、人びとの生活様式にまだ旧幕時代との違いがなかった。

佐平は小柄な醜男《ぶおとこ》であったが、頭がよくて人に仕えるのに適していた。陽気で勤勉で、主人思いで、呼び出しにはすぐ応じ、そのうえ大工の腕をもつのでそのほうでもすこぶる便利な男であった。女房は亭主とは逆に立派な体格をもち、情愛深い母であり、嫉妬《やきもち》焼きで用心深い妻であった。たえず愉快にはしゃぎ、働き者であった。佐平の欠点は、芸者遊びと酒好きなことで、そのため、真っ赤な顔をして、からっぽの財布を持って夜遅く帰ってくることがよくあった。そうしたばあい、佐平は帰るやいなや、ガミガミと女房の説教をたっぷり聞かされるのが常であった。

また、佐平の世帯の入浴順を見ると、まず女房が赤児を抱いて入り、つぎに子守りの少女のおぶん、そして三番目が佐平と続き、しんがりが権次少年であった。

アンベールが江戸で知っていることとして記録している家庭風呂《ぶろ》の入浴順は、父親、母親、子供と続き、それから使用人という順であった。これにくらべると、赤児といっしょとはいえ女房が最初で、亭主が子守りの少女より後の三番目という佐平の世帯の入浴順は、いささか異様の印象を免れまい。女房の説教といい、このことといい、佐平家は嬶天下だったのではなかろうか。

グリフィスは、右とは別に、彼の著書に「女性の地位」という一章を設け、そこで一般論として、日本の女性（妻）は、表向きは男性に服従しているが、じっさいは、気転・言葉・愛嬌《あいきょう》・魅力などによって男性（夫）を巧みに支配している、と分析している。当節でも思い当たる男性のかたは多いのではなかろうか。

妻の実質的な亭主支配とは別に、オールコックも注目すべき発言をしている。彼は、夫が絶対的な権力と権威をもつ家父長制の日本においても、妻はひとたび母としての立場に立ったときには、息子の年齢や地位にかかわりなく、息子である男に対しては、その上に位し、異常なほどの権威をもっている、と見る。そして、これによって、一般に女性がうける不当な扱いが償われ、男尊女卑社会における男女の地位の差にバランスが回復されるのではないか、と考察しているのである。「親には孝」という儒教倫理にそうした機能を見出《みいだ》したところが、はからずも人類学的で面白い。

第五章　庶民の服装

話の流れでつい前後してしまったが、初めにとりあげるべきであった生活の基本というべき衣・食・住について、開国期に日本を訪れた欧米人たちが、当時の日本人のそれらをどのようにとらえたものか、それをここで順次点検してみることにしよう。まず、衣から始める。

1　非活動的な日本の着物

航空機などというものの無かった時代のことである。四面環海の日本を外から訪れる外国人の交通手段はとうぜん船であった。それで、彼らが日本に接近して最初に目にする日本人は、まず例外なしに、小船をあやつる漁師や舟子たちであった。漁師や舟子らは、季節を問わずこれまたほとんど例外なしに褌《ふんどし》一本だけの裸姿であった。

冬には稀《まれ》に短い半纏《はんてん》もしくは法被《はっぴ》をはおっている姿を見ることもあったが、その下はやはり褌一本であった。

欧米人は、まず、この姿に驚かされる。一八五三年七月八日（嘉永六年六月三日）に、日本に開国を迫るため浦賀《うらが》沖に投錨《とうびょう》したアメリカのペリー艦隊も、これにほぼ一ヶ月半遅れて長崎港に入港したロシアのプチャーチン艦隊も、ともに同様の驚きを経験している。プチャーチン提督の秘書官ゴンチャローフは、褌一本の舟子たちの姿を、「すべて均一の服装である。たいした趣味だ」（訳文は高野明・島田陽両氏）と皮肉っぽく記している。

褌姿を無作法とする欧米人の来訪がふえるにつれ、漁師や舟子の服装が改まったかというと、なかなかそうはいかなかった。汐《しお》をかぶることの多い仕事がら、当然といえば当然であろう。一八六六年八月（慶応二年七月）、フランス軍艦サントバン号の一員として初めて横浜港に入ったスエンソンが見た日本人の舟子は、相変わらず褌だけの裸であった。その頃の横浜の外国人居留地は、すでにかなりの洋風の街づくりが進んでおり、スエンソンは、海から見る横浜は、完全にヨーロッパの町であると述べている。裸の舟子の姿は、町に似つかわしくなかったに違いない。

日本人が褌を人目にさらして意に介さなかったことについては、すでに第三章でとりあげたことであるが、服装の視点から欧米人がどうとらえたかということで、いま

冬と夏の庶民の服装(I. Bird, 1880)

一度ざっと振り返ってみることにしよう。

欧米人から見て、ときに短い法被をはおることはあるものの、褌だけの裸をほとんど制服としている職業は、漁師・舟子のほかに、飛脚・馬丁・駕籠《かご》かき・荷役人夫・川越し人足・武家の槍《やり》持ち・折助といったところであった。武家に仕える駕籠かきや、槍持ち・折助は、さすがに褌だけということはなく、必ず対丈《ついたけ》の法被を着用していたが、それでも外出時には高く尻《しり》はしょりをするので、下半身は褌だけの尻まる出しであった。一八六四年（元治一）の池田筑後守を正使とする訪欧使節団の折助連中が、見物のパリッ子の前を尻まる出しで練り歩くさまを見て、留学中の林研海が穴に入りたいほど恥ずかしい思いをしたという話は、すでに第三章で紹介した。これよりはやく、一六九一年（元禄四）に江戸参府の途上しばしば大名行列を目撃したケンペルは、そうした駕籠かきや槍持ちの姿を、じつに笑うべきことであると評している。

万延元年遣米使節に随行した賄方の加藤素毛は、船中で和服は風にあおられて裾《すそ》がまくれ上がったり、袖《そで》（袂《たもと》）が綱や鉤《かぎ》にひっかかったりすることを経験して、海外旅行には筒袖、股引《ももひき》きつまり洋服でなければ不都合なことを、一同思い知らされたことであったと述懐している（『二夜語』）。たしかに、活動の利便さの点では和服はけっして機能的なものではない。その点を見すかして、すでに使節団より三、四十年も昔に出島のオランダ商館に在勤したフィッセルは、いみじくも、日本の職人連中が腹掛、

馬丁(別当)の服装(A. Humbert, 1870)

褌に法被だけのほとんど裸同然の姿で仕事するのは、日本の着物が非活動的なためであると指摘していた。一八七二年（明治五）に裸の禁止令が出されるまで、さきにあげた裸を制服とする職業者だけでなく、日本の労働者が一般に裸同然の姿で仕事していたのは事実である。そして、日本人はそれをいとも自然のこととして、当事者も、はたのものも、少しも恥ずかしいこととも無作法とも思わなかったのである。

仕事中だけではない。さきにも触れたが（第三章第一節）、少なくとも下層の庶民のあいだでは、男女とも衣服を大きくくつろげて肌をあらわすことが、ごく普通の風俗であり、これは欧米人の目には、ふしだらとも映る奇異な光景であった。一八五三年（嘉永六年）の夏、長崎港内に停泊中のロシア艦から望遠鏡で陸上を眺めていたゴンチャローフは、家の中の女たちが青色の粗末な腰巻（ゆもじ）をつけただけで、上半身が裸なのを見た。ゴンチャローフに五年遅れて一八五八年（安政五）夏に、エルギン卿《きょう》に随行して来日したオリファントも、まず長崎で、女が胸をほとんど覆《おお》わず半裸でいることを目にした。そのあと訪れた下田でも、男が褌だけ、女はふつう腰から上を露出していることを見た。オリファントにさらに一年遅れて一八五九年（安政六）夏に江戸に着任したイギリスの駐日総領事（のちに公使）オールコックは、江戸の下層階級の夏の服装を、男は褌一本、女は腰巻（ゆもじ）だけと述べている。

冬はもとより、気温の低いときには、もちろんこうした開放的な姿ではいられない。

そこで日本の着物の印象であるが、欧米人のズボンや裾拡がりのクリノリンスカートとは反対に裾まで細身になってきっちり合わさっているので、さぞ歩きにくかろうというのが欧米人に共通の感想であった。そして、とくに女性が内股《うちまた》で小きざみに歩く理由をその点に求めているものも多い。たしかに、着物の性質上、外股でパッパと歩けば裾が乱れて優雅さが損なわれよう。着物のマナーの本にも、女性が和服を着たばあいには、左右の膝頭《ひざがしら》がはなれないようにして、小きざみに歩けば裾が乱れないとの注意書きがある。

最近の若い日本女性は、内股どころかときには外股で颯爽《さっそう》と闊歩《かっぽ》しているが、私の母の世代頃までは、老若にかかわりなく女性は内股に歩くものと躾《しつ》けられていた。もと和服の性質から出たことにせよ、それが女性らしい淑《しと》やかな歩き方であり、男は外股、女は内股というのが男尊女卑社会を象徴する歩行様式だったのである。歩行様式は単純な運動生理学の問題ではない。

しかし、欧米人の目には、日本女性の内股歩行はすこぶる評判が悪い。日本人とは逆に、それを優雅な身のこなしとはいえないとする感想が圧倒的に多いのである。自然な歩き方を見馴《みな》れた欧米人の目には、小股でチョコマカとした歩き方は不自然で珍妙に映ったのである。

女性の着物への言及にくらべて男の着物へのそれは非常に少ない。それでも侍の服装については礼装も含めてそこその記述を見ることができるが、庶民の男については、夏の褌姿ばかりが強調されて、それ以外ははなはだ少ない。当時の記録を遺した欧米人が男ばかりであるから、とかく女性にだけ目がいって、男はないがしろにされたのであろうか。具体的な記述があるのは、だいたい職人の服装についてであり、彼らも寒い季節になると、褌の上に紺木綿の股引き、腹掛、法被（もしくは半纏）をまとうという。スエンソンがそれに加えて手拭《てぬぐい》をあげているのが注目される。首に紺と白の市松模様のスカーフ（つまり手拭）をかけ、寒い日や人に顔を見られたくないときには、頰被《ほおかむ》りして鼻の下で結び、目だけを見えるようにするというのである。当節犯罪者の間に流行の目出し帽の元祖といったところか。

洋服のポケットに代る物入れとして、袂や懐中をあげている例はすこぶる多いが、不思議なことに、職人の腹掛のどんぶり（大きなポケット）についての言及は、私の知るかぎりまったく無い。どんぶりは外国人から見ても面白いアイディアなのではないかと思うのであるが。どんぶりも当今流行のウェスト・ポーチの元祖といってさしつかえあるまい。

2　地味好み

庶民の衣料はもっぱら木綿であった。ハリスは、貴人の着物だけが絹布で、その他のものの着物はすべて木綿であるといい、アルミニヨンは、ふだん絹物を身につけているのは貴族と遊女だけと述べている。

ついでながら、アルミニヨンはさすがに絹の本場イタリアの出身だけあって、イタリアと日本の絹の品質の優劣を比較し、日本では繭の色と大きさにあまり意を用いないので、糸の細さと織物の美しさが不ぞろいになる。そのために、日本の絹の品質はイタリアのものにくらべて幾分劣るという。さらに彼は、一八六五年（慶応一）に横浜から輸出された蚕卵紙が一三二万一五二一枚、金額にして六六六万一六ドルに達したことをあげている。ナイロンが発明されるまで生糸や絹は日本の輸出の大宗であったが、そうした動きはすでに幕末期から始まっていたのである。

なお、リュードルフが、日本人は木綿の製法をほとんど知らないので、綿布のように軟らかい紙で代用している、と述べているのは、おそらく彼がたまたま見るか聞き知った貧民の紙衣《かみこ》を、一般化して考えてしまった誤りであろう。安価なところから貧民がよく紙衣を用いたことは事実である。

着物の色調が地味であることの指摘も多い。ハリスはその色を黒か灰色と述べているし、スエンソンも日本人の衣服は非常にみすぼらしいとしたうえで、どちらかと言えば暗色の無地が日本人の好みらしいと見ている。

欧米の婦人服はがいして明るい色彩であるから、日本の女性の着物の暗色傾向は、欧米人には意外の感を与えたのかもしれない。それでも、なかにはゴンチャロフのように、日本人の着物に一つも派手などぎつい色の無いことを気に入った、と述べているものもある。彼によると、上流階級の衣装には和やかな軟らかい色調をだす混色が用いられているが、庶民のばあいには単色ではあっても鮮明な色ではなくて、ほとんどが青であるという。

一般に地味な日本女性の着物の色調も、じつは既婚婦人のばあいのことであって、娘時代はずっと明るい派手なものであった。それが具体的にどのような色調で、どのような柄であったかを述べている欧米人の記録は見当たらないのであるが、娘時代は化粧も髪形も着物も派手で、それが結婚するとすべて地味になるという指摘は、たとえばカッテンディーケやアンベールに見られる。

いまの日本では、外見だけで既婚・未婚を見きわめることがすこぶる困難で、とくにわかい既婚女性は服装も髪形も化粧も、どれ一つとっても娘さんとまったく変わるところがない。「奥さん」と呼ぶべきか、「お嬢さん」と呼ぶべきか、初めて会ったとき呼びかけに悩まれた経験をおもちのかたは少なくないであろう。ところが、江戸時代の盛期はもとより幕末・開国期においても、その違いは一目瞭然《りょうぜん》であった。だいいち、既婚婦人は眉《まゆ》を落とし、お歯黒を染めているではないか。アンベールはそれに加

三味線をひく女性（A. Humbert, 1870）

えて、既婚婦人は顔に白粉《おしろい》をつけげず、髪に飾りをつけげず、着物も明るい色や派手な色を避ける、それに対して若い娘たちは口唇を濃く塗って白い歯を目立たせ、頬に紅をさし、髪に緋縮緬《ひぢりめん》の手絡《てがら》をかけ、派手な色の幅広の帯をしめているという。

当時は、髪形にも既婚・未婚の別があった。娘当時は島田髷《まげ》、結婚すると丸髷というのが一般のしきたりであった。右のアンベールが触れている若い娘の髪形は、緋縮緬の手絡をかけているという表現からみて、当時流行していた島田髷系統の結綿《ゆいわた》であろう。こうした髪形の伝統は昭和の初め頃まで続いており、私の少年時代には母は丸髷を結っていたし、姉も女学校を卒業して花嫁修業中にはよく結綿や桃割れ（これは明治の中期頃から流行しはじめた娘の髪形）を結っていたものである。

シーボルトがちょっと意外なことを述べているので、ここにあげておこう。「京の着だおれ」という言葉があるが、彼は反対の観察をしているのである。一八二六年（文政九）に彼はオランダ商館長に随行して江戸へ参府するが、その帰途大津から京都に入り、数日間滞在する。その頃の京都は繁栄を江戸や大坂に奪われて衰微し、シーボルトは京都の町がみすぼらしく、貧困を物語っている町筋さえあると眺め、悪い身形《みなり》の人が多いと述べているのである。

「京の着だおれ」の評判はいつ頃からのものなのであろうか。一八七七年（明治十）に日本近海の腕足類の研究のために来日し、大森《おおもり》貝塚の発見者として有名なエドワード・S・モースは、そのあと請われて東京大学の初代動物学教授に就任して約二年間在籍するが、一八八二年（明治十五）に再来日したおり京都を訪れている。そのときの印象として彼は、京都ほど娘たちや小さな子供が奇麗な着物を着ているところをみたことがない、と述べているのである（『日本その日その日』一九一七年刊）。五十余年前のシーボルトの印象とはまるで正反対である。この間の政治・経済状況の変化のためか、あるいは、そもそもシーボルトの観察自体が歪《ゆが》んでいたのか。

来日欧米人の中には夫人同伴のものもあった。彼女らが夏に身にまとっている薄もののドレスの見事さが、日本人の高い評判をえたとはスエンソンの述べるところである。しかし、うらやむまでもなく、じつはその頃の日本にはすでに、絽《ろ》とか紗《しゃ》といった絡み織の薄ものはあった。オリファントは、江戸の越後屋《えちごや》呉服店（三越の前身）で、紗や見事な色合いと模様の縮緬、繻子《しゅす》の上に施されたゴブラン織を思わせる優れた刺繍《ししゅう》を見て、その技術の素晴らしさと、日本人の色彩感覚の優雅さに感嘆し、とくに紗と縮緬はイギリスに持って行けば熱狂を呼ぶこと間違いなしと絶賛している。西洋婦人の薄もののドレスが日本人の好評を博したのと、立場を替えて同じことである。隣の芝生は青いということか。ただし、日本にも絽や紗があるといったところで、それらはしょせん富裕な金持ちだけのもので、下層の庶民には無縁の衣料だったのである。彼らは暑ければ裸になるだけであった。

なお、オリファントは当時の越後屋の規模を、階下は全部街路に向かって開かれ、長さ五、六十ヤード（約四十五〜五十五メートル）、幅二十ヤード（約十八メートル）もあり、ホーウェル・アンド・ジェームスの規模を上回る、と称している。ホーウェル・アンド・ジェームスは、当時のイギリスの代表的百貨店だったのであろう。シュリーマンも、越後屋呉服店を、百人を超す男女の使用人がおり、経営の規模と資本の大きさにおいて、パリの最大級の百貨店にもひけをとらないであろうと述べている。越後屋の規模には遠く及ばないにしても、江戸には越後屋のほかにも呉服屋はあったわけであるから、以《も》って当時の江戸の消費人口の大きさがわかろうというものである。

3　奇妙な履物と雨具

日本人の履物も欧米人の注目のまとであった。足袋《たび》をはじめ下駄《げた》・草履・草鞋《わらじ》は、靴下や靴とあまりにも違うからである。日本では和服の衰退にともなって、それらの履物もすっかり影が薄くなり、若い人たちの中には、下駄や足袋をはいたこともないという人が稀でなくなった近頃である。私などの中学生時代にも、もちろん靴は普及しており、制服の一部となっていたが、それでも洋服に下駄という姿は珍しくなかったし、なかには、学校の正課の軍事教練に下駄ばきで出席する猛者《もさ》もいたのである。

日本人の履物についての欧米人の印象や説明は、みな似たようなもので、足袋が靴下と違って、親指部分と他の四指部分とに分かれていること、それは草履や下駄の履きかたに関係していること、老幼男女を問わずふだんは草履のことが多く、下駄は泥《でい》濘《ねい》時に用いることなどがあげられている。さらに、ゴロウニン（『日本幽囚記』一八一六年刊）やスエンソンのように、下駄にせよ草履にせよ、靴と違って脱いだり履いたりがすばやく容易にできることは、日本人が家に上がるときに必ず履物を脱ぐ、という生活様式に関係していると説明しているものもある。

ゴロウニンは一八一一年（文化八）国後島《くなしり》で日本側の捕虜になり、二年三ヶ月間を箱館と松前《まつまえ》で監禁生活を送ったのであるが、その監禁部屋にさえ、取調べの高級役人が必ず敷居の所で草履を脱いで入ってきた、と印象深げに語っている。監禁生活が長く、外界との接触が少なかったにもかかわらず、日本人の生活慣習についてのゴロウニンの観察はなかなか鋭く的確である。履物についてもそうで、脚絆《きゃはん》や草鞋の用途を長旅用の履物と指摘しているのはその一例である。これなど単純なことであるのに、用途を見抜いて説明を加えているものは、他にほとんど見あたらない。

スエンソンが、足袋を説明して、紺か白の木綿製としているのはよいが、その長さを、脛《すね》の中途までであるとしているのはいかがなものであろう。彼は脚絆についてはまったく触れていないから、それを見誤ったのであろうか。それとも留め具が紐《ひも》であったいわゆる紐足袋の時代には、足の甲から脛の半ば近くに達するほどの長い足袋がふつうであったというから、スエンソンはそれを見たのであろうか。なお、足袋の寸法は一般に文数《もんすう》であらわすが、その点に触れているものは、私の知るかぎり一人もいない。

おもしろいのは、ヴィルヘルム・ハイネが下駄を竹馬にたとえていることである。たしかに、足駄《あしだ》でないまでも二本歯で支える下駄は、歯が新しくて高いほど、欧米人の目に不安定な印象を与えるものであったから、竹馬にたとえたくなったのも無理からぬところであったろう。ハイネは、日本の女性が小股でおぼつかなく歩くのを、この「竹馬」のせいにしている。それどころか、オールコックにいたっては、日本人が足指に鼻緒をはさんで履く下駄や草履の履きかたそのものを、どうしてそれを履いておられるのか、どうしてそれで歩けるのか、けっきょく誰にもわからない、と訝《いぶか》ってさえいるのである。

右に引用したハイネはアメリカに帰化したドイツ人である。海軍に入ってペリー提督の日本遠征に随行した。一八五六年に出版されたその折の紀行『世界周航日本への旅』は、当時の世界的に著名な地理学者アレクサンダー・フォン・フンボルトに献呈された。アレクサンダーは、これも世界的に高名な言語学者ヴィルヘルムの弟であり、この兄弟はベルリン大学の創始者としてもよく知られている。ハイネはそのあと一八

農民・漁民の冬服(A. Humbert, 1870)

六〇年（万延二）にも再度日本を訪れている。これは日本・プロシア通商条約締結のために派遣された、オイレンブルク伯を全権とする一行に加わってのことである。オイレンブルク一行の紀行は、のちにしばしば引用することになろう。

雨具についてもとりあげておこう。日本人がちょっとした雨にもすぐ雨合羽《あまがっぱ》をはおることを見て、シーボルトが、他のことでは困苦に慣れたはずの日本人が、湿気に対してたいへん敏感なのは不思議でならないと怪しんでいる。

これを読んで私がすぐ思い浮かべたのは、昔読んだ和辻哲郎《わつじてつろう》氏の名著『風土』（昭和十年刊）の中の一節であった。氏はこの本の中で「人間存在の風土的規定」の一つの例示として、ヨーロッパの人間・文化を「牧場的」として類型化された。そのさい、氏は牧場的風土の一特徴として、「静かな細雨」をあげておられたのである。ヨーロッパの雨の降りかたは、降るともなく降るという降りかたで、だから通例は雨傘を必要とせず、しばらく人の家の戸口に雨宿りしていれば、それですんでしまうというのである。

私のヨーロッパ体験はごく短いので、雨の降りかたの一般的な傾向までとらえることなどできるものではなかったが、多くのかたのヨーロッパ体験をうかがうと、たしかに和辻氏のいわれるとおりのようである。日本にも、「春雨じゃ、濡《ぬ》れて行こう」式の雨が無いわけではないが、車軸を流すような雨も稀ではない。小雨と思っていたものが、いつ土地を洗うような大雨にならないともかぎらない。雨に敏感にならざるをえないのである。右にあげたシーボルトの感想は、やはりヨーロッパ人のものというべきであろう。

日本人の雨具として欧米人がとりあげているのは、蓑《みの》・笠《かさ》・油紙である。雨傘《からかさ》はなぜかほとんど看過されている。油紙は、漆か油を塗った二重の紙でできており、雨天のおりに人がまとうほか、馬や積荷を覆って保護するのにも用いられる。ケンペルは、この油紙の使用法を、合羽（Kappa）という言葉とともに、日本人はポルトガル人から学んだようだと述べている。

おもしろいのは、蓑・笠をまとった姿の形容である。オールコックは、旅支度をした日本人は、頭に籠《かご》のかぶり物（笠のこと——石川注）、外套《がいとう》として藁《わら》の束（蓑のこと）、そして草鞋をはくから、まるで藁だらけに見えると言い、オイレンブルク一行の紀行には、蓑・笠をまとった背の低い農夫の姿は、まるで藁の人形のようだとあり、同じオイレンブルク一行の一員シュピースは、彼らの乗艦アルコーナ号が一行の上陸をひかえて品川《しながわ》沖に停泊中、艦を訪れてきた二名の武士が、当日の天候が雨もよいとあって、蓑・笠姿であったのを見て、まるでヤマアラシのようで滑稽《こっけい》きわまりなく、笑いをこらえるのに苦労したと語っている。たしかに、予備知識の無い外国人が初めて蓑・笠姿を見れば、その異様さに驚くことであろう。藁人形とかヤマアラシという形容の巧みさに、拍手を送りたいほどである。

4　扇子と懐紙は必携品

衣服の付属品といってもよい外出時の携帯品についても触れておこう。これも欧米人の多くに注目されている。ただし、これは武家か上層の庶民にかぎられており、下層民にはあてはまらない。

すでに一六九一年（元禄四）の時点においてケンペルが、ヨーロッパ人が手袋をはめずに外出することが滅多にないように、日本人は礼儀上扇子を携えていると観察し、さらに、旅行者用に街道の里程や旅籠《はたご》や日用品の値段などを刷った扇子も売られていると述べている。この伝統は幕末・開国期においても保たれ、たとえばフィッセルも、扇子を外出時に忘れてはならないものとして、その必要性をケンペルと同様にヨーロッパ人の手袋になぞらえている。この最後の点は、あるいはケンペルからの借用かも知れない。

オリファントの観察はもっとくわしい。扇子を日本人の衣装と切り離すことのできないものと見ている点は他の人びとと同じであるが、彼はその用途を、風を送るだけでなく顔にかざして日よけにもなるし、ノート・ブックにもなるという。いまではほ

火鉢を囲む商家の親と娘(A. Humbert, 1870)

とんど見かけることがないが、その頃は扇子をちょっとしたメモ帳代りに使うこともあったのであろう。さらにオリファントは、日本人は扇子を手にしないと手のやり場に困ってしまう、暑くないときには遊び道具になる、という観察までしている。遊び道具になるというのは、室内遊戯の投扇《とうせん》を意味しているのであろう。彼は扇子をヨーロッパ人の手袋ではなく、夜会に出るさいのイギリス人の帽子になぞらえている。

扇子のほかに、懐紙や矢立て、それに煙草入れを必携品にかぞえている例もすこぶる多い。懐紙は文字通り懐中に、他は帯の脇から後ろに挿しておくのがふつうであった。こうした必携品のうち、欧米人の注目を集めたのが懐紙である。ゴンチャローフは懐紙がメモ用紙、鼻紙、包み紙など、いろいろの用途をもつことに感心している。

ついでながら、懐紙にかぎらず和紙の用途の広いことと、和紙の性質についての言及も多い。ハイネは日本では紙が大きな役割を果たしていると言い、その具体例として、襖《ふすま》、障子（窓の代りに透明な紙を貼った明かりとり）のほか、ハンカチーフとして使われ、さらにワニスを塗ってレインコートや雨傘としても使用されていることをあげている。右に、障子紙を透明な紙としているのはもちろん言い過ぎで、せいぜい半透明とか薄紙とするべきところである。また、ワニスと称している塗料は、桐油《とうゆ》とするのが正しい。

オリファントは、日本では紙を壁（襖？）にも扇子にも包装にもハンカチーフとしても用いるし、張り合わせて漆を塗って笠にも作ると述べ、厚いもの、粗いもの、混ぜ物の多いものから、きわめて薄く半透明なものまで、製法次第でさまざまの種類があり、これらの紙は横に裂くことは不可能であるが、縦に裂いてより合わせると丈夫で便利な紐になる、と「こより」にまで触れている。そのうえで彼は、ヨーロッパ人は日本に彼らの知らないたくさんのものを提供してはいるけれども、日本人から得るところもきわめて大きいと文化交流の効用にも言及している。

オイレンブルク一行の紀行には、紙の用途が日本よりも広いところはおそらくどこにもないであろうとあり、多様な用途をあげたうえ、とくに優れているのは皮革として用いられるものであるという。この皮革として、というのは、おそらく雁皮紙《がんぴし》の類《たぐい》をさすのであろう。

話をもとに戻す。

和服に対する機能面からの批判には、すでに見てきたように、労働に不向きとか、歩きにくい、といった点からの指摘があった。しかし、そうした点を離れて、日本人の和服姿の印象はどうであったか、それを紹介してこの章を閉じることにしよう。

クララ・ホイットニーは、男性の和服姿を見て、実に優美であると賛辞を呈し、モースは華族学校の女教師や女生徒たちの和服姿を、「小柄な体軀にきっちり調和する衣服の上品さと美麗さ、それから驚嘆すべき程整えられ、そして装飾された漆黒の頭髪——これ位この国民の芸術的性格を如実に表現するものはない」（訳文は石川欣一氏）とほとんど絶賛している。その一方で彼は、彼女らが洋服を着ると、ときとしてとんでもない外観を呈すると苦笑している。バードの印象も同じである。彼女は久保《くぼ》田《た》（現・秋田市）で会った日本人医師（男性）の和服姿を見て喜び、日本の男は和服を着ると威厳を増すが洋服を着ると逆に減ずると印象を語り、さらに、洋服を着た日本人は人間というよりも猿に似ていると酷評している。

モースもバードも、どちらも一八七七年（明治十）頃の、まだ洋服が入ってきて日が浅く、日本人が洋服を着馴《きな》れず、洋服が身についていなかった時代の印象を語っているわけである。今ならばもう、そうした印象を欧米人に与えることもあるまい。

第六章　庶民の飲食

1　肉を食べない日本人

当節の日本では、和・洋・中お好み次第の外食ができるし、東京をはじめとする大都市ともなれば、その他のいわゆるエスニック料理店にもこと欠かない。デパートの食品売場やスーパーに行けば、食材で無いものはないし、飲料にしても同じである。であるから、外国人も食生活に不便を覚えることはまずあるまい。

ところが、開国期に日本を訪れた欧米人のばあいは、まるで正反対であった。そのころの日本には肉食の習慣が無かったし、家庭でも料理屋でも伝統的な和食だけだったからである。

世の中には、何を食べようといっこう平気で、感性が鈍いというのか、適応力が抜群というのか、少しの不平不満も洩《も》らさぬ人が稀《まれ》にはいるが、大多数の人は、やはり幼児期から慣れ親しんできた飲食物への好みを絶ち切ることができない。異国の料理もたまに口にしてこそ珍しくもあり、美味に感じたりするものであって、毎日・毎食ともなれば、果たしてどのようなものであろうか。われわれの周囲には、ちょっとした海外旅行にも梅干し・佃煮《つくだに》といった日本食品を携帯する人がけっこういるし、和食レストランを探してせっせと通う人もいるではないか。これまでたびたび引き合いに出してきた万延元年遣米使節団は、大量の日本食品を携行したが、時おりアメリカ側から供される洋食に辟易《へきえき》し、帰途、日本食品をまったく切らしてしまったときには、ひどく苦しんだようである。

開国期に日本を訪れた欧米人も、それと同様に、洋食材の入手難に苦しみ、それを縷々《るる》と訴えている。プチャーチン提督のロシア艦隊四隻が一八五三年八月（嘉永六年七月）に長崎港に入港したおり、日露条約締結交渉が長びくことを予測して、輸送船を中国に送り、牛肉をはじめとする食材を長崎まで運ばせている。プチャーチンの秘書官をつとめていたゴンチャローフによると、日本では役畜を殺すことを禁じているので、日本で食肉を手に入れることができなかったからである。輸送船が戻ってくるまでの間、ほとんど毎日の献立は魚や海老《えび》ずくめで、こんな修道院のような食事ばかりで胃の調子がおかしくなった、と愚痴をこぼす連中（ゴンチャローフもその一人）

が多かったという。

輸送船を中国へ派遣するとなったとき、日本側役人が、生鮮食料は出島のオランダ人が日本人から調達しているから、それを購入すればよかろうと伝えてきたというが、そのオランダ人も食肉にだけは苦労していたのである。一八二〇年〜二九年（文政三〜十二）まで出島のオランダ商館に在勤したフィッセルによると、日本人は食肉をえるために牛を殺すことがない。狩猟でえた猪を料理することはあるが豚は嫌忌する。豚は唐人屋敷と出島のオランダ人に供給するために飼育されているだけだという。

中国人にとっては豚はご馳走《ちそう》であろうが、オランダ人にしてみれば、豚肉は牛肉に劣る食肉であって、たとえば、ヒュースケンは、豚なんて田舎者の食物だと侮蔑《ぶべつ》している。であるから、牛肉への渇望は大きかった。東インド会社の拠点バタビア（現・ジャカルタ）経由で送られてくる燻製《くんせい》や塩漬の牛肉で我慢しなければならなかったのである。冷凍技術など無かった時代のことである。

なお、余談ながら、フィッセルは日本人から聞き知ったこととして、長崎の中国人が黒犬や猫を殺して食べること、広東《カントン》では鼠さえ売られていることをあげている。日本人から見て中国人の悪食ぶりは、当時から注目されていたことがわかる話である。

フィッセルは、商館長が江戸参府にあたって、道中での飲食のために携行する食料品として以下の品目を列挙している。ブドウ酒その他の飲物・バター・チーズ・燻製および塩漬の肉・コーヒー・砂糖・香料・砂糖菓子・砂糖漬果物・その他日本では入手できないもの。日本で十分得られるものは、野生の鳥・獣、鶏・魚・野菜などであった。料理人を帯同したことはもちろんであり、食器類を納めた食器棚から食卓、椅子まで携行したという。万延元年遣米使節団が日本食品はもとより、箸《はし》・茶碗《ちゃわん》・湯呑《ゆの》み・急須《きゅうす》から、鍋《なべ》・釜《かま》にいたるまで、食器・調理具の一式をとりそろえ、賄い夫まで帯同したのとまったく同じことである。

一八五五年（安政二）に箱館と下田を訪れたリュードルフは、その下田日記に、たまたま下田に入港したアメリカ船パーメット号から、樽《たる》に塩蔵された牛・豚肉をはじめ、馬鈴薯《ばれいしょ》・酢・胡椒《こしょう》・辛子《からし》・玉葱《たまねぎ》・コーヒー、さらには生きている大豚二頭を購入したむねを述べ、こういった食料をここ四ヶ月間口にしていなかったと告白している。

ハリスも、一八五七年（安政四）六月の日記に、ここ二ヶ月以上も小麦粉・パン・バター・ラード・ベーコン・ハム・オリーヴ油など、あらゆる種類の洋食材を切らし、米と魚と貧弱な鶏とで食生活を続けている、と嘆いている。

ハリスの秘書官ヒュースケンは、右と同じ年の九月の日記に、この五、六ヶ月間鶏肉しか口にしなかったので、ようやく下田で仔豚《こぶた》を手に入れ、ポークチョップを食べることができた、とその喜びを自嘲《じちょう》をこめて記している。自嘲をこめてというのは、さきに述べたように、彼は豚なんて田舎者の食べるものと軽蔑していたからである。

かりに好みの食材が手に入ったにしても、それを西洋風に調理できる料理人がいなくてはなんにもならない。ハリスは下田から江戸へ出発するにあたり、あらかじめ五週間ほどかけて日本人の料理人に西洋式の料理法を教え、そのおかげで、彼がニューヨークの一流レストランには劣るが、日本料理よりは遥《はる》かにハリスの味覚に合う食事を旅行中用意してくれたと喜んでいる。ハリスに同行したヒュースケンは、料理人は日本では空気以上になくてはならぬ存在である、といささか過大な表現をしている。

言わずもがなの付言少々。当時の日本人は肉食の習慣をもたなかっただけで、けっして肉を好まなかったわけではない。万延元年遣米使節団員の日記を見ると、彼らが肉食に辟易した記事の多いことは事実であるが、ソーセージをすこぶる美味とするといった式の感想も聞かれないわけではない。開国期に来日した欧米人の記録するところともなると、彼らが供した肉料理を日本人が喜んでたらふく食べた話が数多く出てくる。ゴンチャロフは日本人は本当は肉を忌避しないばかりか、逆に大好きなのだと判断しているほどである。

2　粗食・少食の日本人

さて、欧米人にそれほど毛嫌いされたその頃の日本食とは、どのようなもので、どのような点が彼らの好みに合わなかったのであろうか。まず、当時の庶民の食事内容や食事の摂《と》り方を、欧米人がどう見ていたかということから点検を始めよう。うまい、まずい、あるいは好き嫌いの問題はそのあとである。

その頃の日本人が肉食をせず、米と魚と野菜が常食であったとは、すべての欧米人が指摘しているところである。そのうえで、多少の品目を追加していることもある。たとえばフィッセルは、鶏肉《とりにく》・そうめん・海草をあげ、日本人は中国人とは正反対に油脂を嫌うが、そのくせ鯨の脂肪は食べる、と述べている。海草や鯨脂の食用は、フィッセルが駐在した長崎だからのことであって、一般化するわけにはいかない。たしかに当時の庶民の日常の料理に油を使うことは無かったようで、ゴンチャローフがそのことに注目している。

同じくフィッセルがあげていた鶏肉や鶏卵は、庶民の誰もが日常的に口にしていたわけではなく、アルミニヨンは、それらは金持ちの食膳《しょくぜん》にたまに上がるだけと見ている。リンダウにいたっては、魚さえも金持ちの食べものであって、貧乏人は米と野菜だけとしている。こうしたわけであるから、欧米人の目に、日本人の食生活がきわめて貧しく映ったのも当然である。カッテンディーケは、上流家庭の食事とていたって質素で、貧乏人の食事と大差ないと述べている。

肉食をしない日本人も、猪や鹿のような野生の獣や野鳥を食べなかったわけではない。しかし、これらは、いつ、どこでも捕獲できるものではないから、日常的な食料とはなりえなかった。

誰の記録にも、漬物はでてきても、いまでは庶民的食品の代表の一つと目される豆腐がでてこないのが、いささかいぶかしい。豆腐は室町《むろまち》時代（一三三六〜一五七三年）以降急速に普及したといわれるが、庶民にはやはり特別のときの食品だったのであろうか。魚や野菜とも違う独特な性質の食品であるから、たんなる見落とし、書き落としとは思えない。

いぶかしいといえば、味噌《みそ》と味噌汁への言及のまったく無いのは、いっそう不思議である。調味料としてあげているのは塩と醬油《しょうゆ》だけである。皆が皆そうなのであるから、何とも解せない。ご飯・味噌汁・漬物を、庶民の食事の三点セットと思っていた私は、とんだ誤解をしていたのであろうか。

当時は、庶民にとって砂糖は大変な貴重品で、これを日常の調味料に使うなどは、ありえないことであった。アンベールは金沢（現・横浜市金沢区）に一泊したおり、老婆から白砂糖をねだられ、それというのも日本には琉球《りゅうきゅう》から運んでくる黒砂糖しか無いからだ、と推測している。リュードルフにいわせると、日本人は砂糖に対してはまったく夢中となり、欧米船から陸揚げした荷物の中で、砂糖ぐらい盗みの対象となるものは無いという。

食事の仕方については、当時の日本には家族の全員がそれを囲むちゃぶ台は無く、銘々膳か盆が用いられていたが、下層庶民のあいだではそれさえも無く、畳にじかに食器を置くことのほうがむしろ普通であった。次章の住居の項でとりあげるように、日本では畳が万能の役割を果たしており、畳は椅子でもあり食卓でもあったとは、多くの欧米人が指摘していることである。銘々膳や漆塗りの盆は、おもに上流家庭や料理屋で用いられた。欧米人の中には日本側の饗応《きょうおう》を受けたものも少なくないが、そうした場合、日本側は欧米人のためにわざわざテーブルを作るか、あるいは縁台に赤い縮緬《ちりめん》を掛けて臨時のテーブルにしつらえるかして、その上に銘々膳を運んだものであった。たとえば、ペリーの「公式報告書」に、その模様が記録されている。

食器は木や陶製の皿や椀《わん》であった。欧米人がとくに注目したのは箸と、スープ（味噌汁かどうかは不明）をスープ皿ではなくて椀に注ぎ、スプーンを用いずに、直接椀に口をつけてすすることであった。そのスープのすすりかたを、ペリー「公式報告書」は、「餓《う》えた子供がやるように」と形容している。

万延元年遣米使節団がワシントンをはじめアメリカの諸都市を訪れたとき、アメリカの新聞は使節団の動静を連日のように報じたものであった。そのおりニューヨークの新聞が、日本人がきわめて少食であることを日本人の特徴として報じていた。来日した欧米人たちも日本人が少食なことに目をとめている。とくに大食漢のロシア人に

町人家庭の夕食(A. Humbert, 1870)

は印象的だったとみえ、たとえば、一八一一年（文化八）七月、千島《ちしま》列島の測量中に国後島で日本側（松前藩）の奸計《かんけい》によって捕虜となり、高田屋嘉兵衛《たかだやかへえ》の好意溢《あふ》れる仲介によって一八一三年（文化十）十月に釈放されるまで、約二年三ヶ月というものを箱館と松前で監禁生活を送った、ロシアの測量艦ディアーナ号の艦長ゴロウニンは、日本人が非常に少食で、ロシア人の三分の一から二分の一の量で満腹したであろうと述べている。

ゴロウニンよりおよそ四十年後に来日したプチャーチン艦隊のゴンチャローフも、日本人の一人前は非常に少なくて、前菜にも足りないぐらいだと言い、同じくプチャーチン隊の司祭ワシーリイ・マホフは、下田や戸田《へだ》で見たところとして、日本人の食事の量は、ロシアの七歳の子供でももっとたくさん食べられるほど少ないと驚いている（『フレガート・ディアーナ号航海誌』一八六七年刊）。日本人と欧米人との食事量の違いは、思うに体格の違いによるものであろう。

食事の回数は、古い時代には一日二食であったが、この頃にはすでに朝・昼・夕の三食が普通となっていた。その時刻もほぼ定まっていたようで、一八五九年（安政六）から一年三ヶ月ほどを長崎のイギリス領事事務取扱、ついで箱館領事として日本に滞在したクリストファー・P・ホジソンによると（『一八五九〜六〇年の長崎・箱館および日本総説』一八六一年刊）、日本人の食事は朝食が八時頃、昼食は十二時、そして夕食は午後六時とされている。ところが、それとまるで違うことをポンペが述べているのである。一八六一年（文久一）九月、ポンペの指導・監督のもとにわが国最初の病院が長崎に開院された。開院と同時に多数の患者が診療を求めて来院し、一、二週間後には入院患者が七十名にも達した。ところが、この患者たちにきまった時刻に食事させることがなかなか困難だったという。というのは、日本人は習性として、ものを食べたくなるとすぐ食べる習慣をもっていたからだ、というのである。

ホジソンのいうところも、ポンペのいうところも、どちらも正しいのだろうと思う。前者はおもに町の、そして後者は農漁村の習慣だったのではなかろうか。農漁村では仕事の性質上、規則正しく食事をとることがもともと困難だったのである。もう五十年近くも前のことになるが、私はインドネシアのバリ島で農民家族の調査をしたことがある。そのとき知ったことであるが、バリ島の農家では、食事は各自めいめいに好みの時間に、台所の片隅か米倉の下に腰を下ろして、いとも簡単にすませてしまうのが常であり、食事どきとか家族揃っての団欒《だんらん》の時間というような慣習はなかった。日本でも、農業や漁業を生業としているばあいには、似たようなことだったのであろう。アンベールは町の職人や人足にも定まった食事時間がなく、彼らは随時露店の屋台の食べ物屋で食事をとっている、と見ている。

なお、ハリスの通訳官ヒュースケンが、食事時間に関連して今の日本人にも妥当する痛烈な日本人評を下しているので、ちょっと紹介しておこう。彼は日本人が何事であれ一斉に行動するのを常とする集団主義者というか横並び主義者であることの証《あかし》として、三度の食事時間の定まっていることや年四回の衣替えの日がきまっていることをとりあげ、日本人はおそらく風邪さえも一斉にひくに違いないと揶揄《やゆ》しているのである。日本人の没個性的な横並び主義は、よほどヒュースケンの癇《かん》にさわったものとみえる。

3　刺身はうまい

さて、日本食が欧米人の口にあったかどうかの問題である。開国期に来日した欧米人たちの中には、幕府の高官や役人に饗応されたばかりか、大君（徳川将軍）から食事を賜ったものがある一方、旅籠《はたご》や茶屋で庶民的な食事を味わったものもある。しかし、料理法や味つけは料理人の腕次第であるし、好みにもまた個人差があるから、一般論としてこの問題を扱うことは困難である。人間は多年身についた味覚や食習慣をにわかに改めることができるほど柔軟にはできていないから、来日当初から毎日の食事を日本の食材や料理法だけで満足できるはずはなかった。彼らがこの点でいかに苦しんだかは、すでに見たとおりである。であるから、以下は彼らがたまに口にした日本食の感想ということになる。

　料理は目でも食べるといわれ、盛りつけの美しさは料理の重要な要素である。食べるのが勿体《もったい》ないほど美しく、芸術的といいたくなるくらい見事な盛りつけの料理もある。これも板前の腕である。ハリスは一八五六年（安政三）八月二十五日に下田で奉行の岡田備後守《びんごのかみ》に初めて会い、その饗応を受けたときの印象を、日本の料理は立派なもので、見た目もいたって美しく、清潔なものであったと日記に記している。

　一八六一年（文久一）から翌年にかけて日本各地を周遊したスイス人リンダウは、日本料理の上手な板前は、目を楽しませる料理を作る技をもっており、またきわめて清潔であると述べ、金沢の旅籠で供された食事にも、何一つ嫌悪感がなかったという。一八六〇年（万延一）九月に江戸を訪れたプロシアのオイレンブルク一行は、幕府から届けられた日本料理の正餐《せいさん》を、日本人一流の趣味で非常に優美であると賞賛しているし、スエンソンは横浜の屋台の鮨屋《すしや》で見た握り鮨に、何ともいえぬほど美しいと魅了されている。

　見た目だけではない。食べてみて美味としている欧米人も少なくはない。近年のアメリカでは、ブームは大げさにしても、けっこう日本食がもてはやされており、鮨などは人気があると聞くが、従来われわれの先入主となっていた欧米人好みの日本食といえば、もっぱらスキヤキ、テンプラであった。反対に欧米人が敬遠する日本食は納豆と並んで刺身であった。ところが開国期においてすでに刺身を美味とする欧米人がおり、彼らが生魚を嫌うというのはまったく私たちの迷信というか、勝手な思いこみに過ぎなかったことを実証してくれているのである。考えてみれば、ヨーロッパでも生鰊《なまにしん》の酢漬けなどをよく食べているではないか。

フィッセルは、鰹《かつお》を酒か醤油に浸し、「辛子」をつけて食べるとたいへんに美味であるという。「辛子」というのはもちろんわさびのことである。彼はまた、格別においしいものとして、「非常にたくさんの生焼けのビフテキのできるあの生の鰹」（訳文は庄司三男氏）をあげている。これは、「生焼けのビフテキ」という表現からみて、刺身ではなく、鰹のタタキのことであろう。彼は米も礼賛し、漬物やうまく料理した魚や鳥といっしょに食べるならば、米はあらゆる食物のうちでもっとも好ましい、もっとも無害な食物ということができると評価している。敗戦後の日本では、一時期、米食に替わってパン食が推奨され、脳の発達のためにはパン食のほうが良いなどといわれたものであった。近年はまた米の優秀さが見直されている。してみると、フィッセルは明があったというべきであろう。

さきに、ハリスが下田奉行の招宴に臨んだことを引用したが、そのときのご馳走はたいそうなもので、十通りほどの料理が供された。フィッセルは、日本人の平素の生活は質素だが、宴会だけは費用を惜しまず豪勢であると述べていて、たしかにそのとおりであった。ハリスの記述をみると、そのときの料理の中心は刺身の舟盛りであったらしい。しかし、なぜかハリスには刺身を食べての感想は聞かれない。当日の料理で、ハリスが唯一うまかったとして触れているのは「海老でつくったパテ」だけである。これは「海老しんじょ」のことであろう。

ハリスがどうであったかはわからないが、魚を生食することに不安を覚えるもののあったことも事実である。カッテンディーケは、鹿児島を訪れたおり、磯庭園《いそていえん》で藩侯の饗応を受け、このときは非常に空腹だったので日本料理をたいそうおいしく食べたというが、その後、福岡で藩侯と昼食をともにしたときには、鮪《まぐろ》の刺身を「食べてみたが別条はなかった」（訳文は水田信利氏、傍点は石川）と述べているのである。

いっぽう、オイレンブルク一行のように、生の鮭《さけ》を醤油で食べてその美味なことに感激し、「これはいかなる食通にも推奨できるものである」（訳文は中井晶夫氏）とまで賛辞を呈しているものもある。

油をほとんど使わず、淡白なことが日本料理の特徴であり、これは脂肪分の多い肉食中心の欧米人にとってものたりないのではないかと思われるが、デュ・パンから日本料理はシナ料理ほどごたごたしたものではないので美味であった、という感想が聞かれたのは意外であった。これとは違うがリンダウは、横浜郊外の金沢の旅籠で夕食をとったとき、味を薄めてくれるよう注文をつけている。もっとも、味の濃い薄いの好みはそれこそ人さまざまで、オイレンブルクの一行は幕府から支給された料理の味を、ヨーロッパ人の味覚にとっては少し薄すぎたとしている。そして、この薄味を、日本人の舌が長年の習慣によって、ヨーロッパ人が味わえないような繊細な味をも賞味できるようになったからだろう、と推理しているのである。

刺身をうまいとするものがあるにしても、日本料理全体として欧米人の口に合わないとか、まずいとする意見はペリー提督をはじめとして非常に多い。オリファントは、エルギン卿《きょう》の秘書として初めて江戸を訪れたとき、宿舎に届けられた将軍下賜の日本料理を一品残らず試食してみたうえでの感想として、遠慮がちに間接的な表現ながら、あまり美味でなかったと思わせるような言葉を残している。

ついでながら、オリファントは江戸に入る前、長崎の料亭で初めて日本食にお目にかかるが、初めて見る生の魚介類の料理に恐れをなし、やはり試食は危険だと言い、安全な米飯が出てきて助かったと告白している。私はそういうオリファントを、特別臆病《おくびょう》だともだらしないとも思わない。世界的に衛生状態が改善されたはずの現在でも、いまだに異郷で食中毒にかかったり、コレラに罹患《りかん》したりする人が後を絶たないではないか。私はこれまで、東南アジアや南太平洋でたびたび人類学の調査をしてきた。そのばあい、村に住みこんで村人と生活をともにするので、いやがおうでも村人の作ってくれた同じ食事を村人とすることになる。幸いこれまでのところ、それによって食中毒にかかったことはないが、正直言って私は、そのつど半ば運を天にまかせて食事をしたものであった。

話をもとに戻そう。スエンソンは、魚を例外として、日本料理は西洋人の口に合わないという。彼は日本の魚料理をよほど気に入ったとみえ、鮮魚だけではなく魚の干物も刺身も非常に味がよいという。刺身には初め恐れをなして手が出なかったが、一度勇をこして食べてみると、なかなかの味だということを発見したのであった。

スエンソンのような魚好きがいるいっぽう、魚嫌いがいても不思議ではない。一八六六年八月二十五日（慶応二年七月十六日）に日本はイタリアとのあいだに修好通商条約を締結した。その翌日、イタリア使節アルミニヨンが老中井上河内守《いのうえかわちのかみ》の饗応を受けた。そのときの日本料理の配膳の仕方の美しさや、見た目のおいしそうな印象をアルミニヨンは語るが、そのくせ、料理が口に合わず、それから四、五日間というもの、ちょっとなめてみただけの魚汁の匂いが鼻について離れなかった、とこぼしているのである。

鯛《たい》をめでたい魚として特別に珍重するふうがいつ頃から始まったのかを、遺憾ながら私はつまびらかにしないが、日本で珍重される鯛も、欧米ではむしろ下魚《げざかな》と目されている。ハリスが「ニューヨークでひどく軽蔑されている鯛が、日本ではすばらしく結構な煮魚であり、その目方はよく七乃至十ポンドにおよんでいる」（訳文は坂田精一氏）と記している。ただし、その「素晴らしく結構な」というのはハリス自身が食べてみての感想ではない。

魚ではないが、鶴も日本では鯛と並んで、というより鯛以上に珍重された獲物で、その肉はきわめて美味として貴人の食膳に供するものとされたりもしたが、実際にはかなり広く出回っていた。シーボルトは一八二六年（文政九）の江戸参府の途中、小倉《こくら》の市場で鶴の肉を買い求めて食べてみた。その感想は、鶴の料理は日本人にはえりぬきのご馳走と思われているが、魚脂のような味がしてヨーロッパ人の口には合わない、というものであった。

少し面白い記事を引いてみよう。アーネスト・サトウが一八六七年（慶応三）に陸路大坂から江戸へ帰る途中、府中《ふちゅう》（現・静岡市）でとろろを食べたという。くわしい地名をあげていないが、これはもちろんとろろを名物とする鞠子《まりこ》でのことであろう。また、三島《みしま》の手前の柏原《かしわばら》で鰻《うなぎ》の蒲焼《かばやき》を肴《さかな》に大いに酒を飲んだともいう。さすが知日派のサトウならではのことである。この以前、彼は東海道の草津《くさつ》の本陣に泊まったおり、彼が米飯を平気で食べるのを見て、宿の者が非常に驚いたという話も紹介している。宿のものたちは、ヨーロッパ人の食物は牛肉と豚肉だけと教えこまれていたのである。米飯どころか、サトウは江戸で迎えた正月に、雑煮を食べ屠蘇《とそ》も飲んでいる。

4　日本人は喫茶・喫煙狂《マニア》

嗜好品《しこう》についても少し触れておこう。

プチャーチンの乗艦ディアーナ号の司祭長マホフは、箱館・下田・戸田での観察にもとづいて、日本人は男も女も絶え間なく茶を飲み、煙草を吸うことにすこぶる熱心であると述べている。同様の指摘はほとんどすべての欧米人によってなされ、スエンソンのごときは、日本人は一日中ことあるごとに茶を飲み、そのために火鉢には常に湯が沸かしてあると述べるとともに、日本では男女とも狂信的な喫煙者であると過激な表現を使っている。その頃は女性の喫煙はごく当たり前のことで、老女が煙管《きせる》をくわえている光景は、第二次大戦までよく見かけたように記憶している。イザベラ・バード女史は一八七八年（明治十一）に山形県の金山《かねやま》町を訪れたおり、彼女が煙草を吸わないので村長や宿の主人がたいそう驚いたと述べている。

当時の煙草が現在のような巻き煙草と違って、刻み煙草であったことは今さらいうまでもあるまい。したがって、煙管が必須《ひっす》の喫煙用具であり、家で吸うばあいには、火種を埋めた極小の火鉢と灰吹きとを具《そな》えた煙草盆も必要であった。煙管と煙草盆は欧米人の目には珍しく映ったとみえ、彼らの多くが詳しくそれらを描写している。アンベールは、火鉢・鉄瓶《てつびん》・煙草盆の三つを、日本人が憩うときの必需品とみている。煙草盆は第二次大戦前までは大抵の家に一つや二つは有り、当時は来客があればお茶とともに煙草盆をすすめるのが作法であった。

お茶については、欧米人の常識からミルクも砂糖も入れないことを奇異に感じたらしく、異口同音にそのことをあげている。そして飲んでみての味覚としては、ヒュースケンが下田奉行からもてなされたおりの茶を旨いと評しているのがむしろ例外で、大体評判が悪い。たとえばゴンチャローフは、味が濃く香気も高いが、砂糖を用いないので自分たちの口にはあまり合わないといい、オールコックのごときは、いかがわしい味がすると評している。

酒についてはどうか。アンベールは茶と酒は日本人の食事になくてはならない添えものと見ている。茶についてはたしかにそうであろうが、酒はその家の経済状態や個人の嗜好にも関係して、必ずしもそうとはいえまい。第一、晩酌以外に昼食にも、アンベールのいうように欠かせない添えものなのであろうか。その点、フィッセルの観察と記述のほうがより正確と思われる。彼はいう、「昼食の際に酒を飲むことはほとんどない。日本人はむしろ夕刻仕事が終わったところで酒を飲むことを楽しんでおり、そして飲み終わったところで床につくのである」(訳文は庄司三男氏)。

日本酒の性質については、ゴンチャローフが酒は米から醸造したものといい、アン

巡礼の途上で一服する女性(A. Humbert, 1870)

ベールが米を発酵させて作ったものとしているのは正しいが、スエンソンが酒は米から作る蒸留酒で、作り方によっては大変強い酒になるというのは、明らかに焼酎《しょうちゅう》との混同である。

酒も蒸留酒とする誤りを犯しているものは、スエンソン以外にも一、二にとどまらない。しかし彼らの多くがその「酒」をひどく甘いとしているところから見ると、その「酒」はおそらく味醂《みりん》か「本直し」だったのではあるまいか。もしそうだとすれば、これを蒸留酒とすることは必ずしも誤りではない。味醂は蒸したもち米と米麹《こめこうじ》を焼酎で糖化して造った甘味の強い酒であり、これにさらに焼酎などを加えたものが「本直し」とか「なおし味醂」と呼ばれ、味醂も本直しもともに焼酎を主体としているからである。

さて、その本直しや酒の味覚であるが、これには旨《うま》いと不味《まず》いの両様の感想が聞かれる。たとえば、ハイネは本直しをマスカットぶどうから造ったワインのように旨いと褒め、リンダウもヨーロッパの高級ワインの味を想い起こさせると評している。

ところが他方にはヒュースケンのように、日本酒を「いやな味」とか「その恐るべき飲物が盃から胃に流れこむときは、口の中がたまらなくいやな感じだった」（訳文は青木枝朗氏）とする感想もある。石鹸《せっけん》の混じったリキュールのような味という形容も聞かれる。

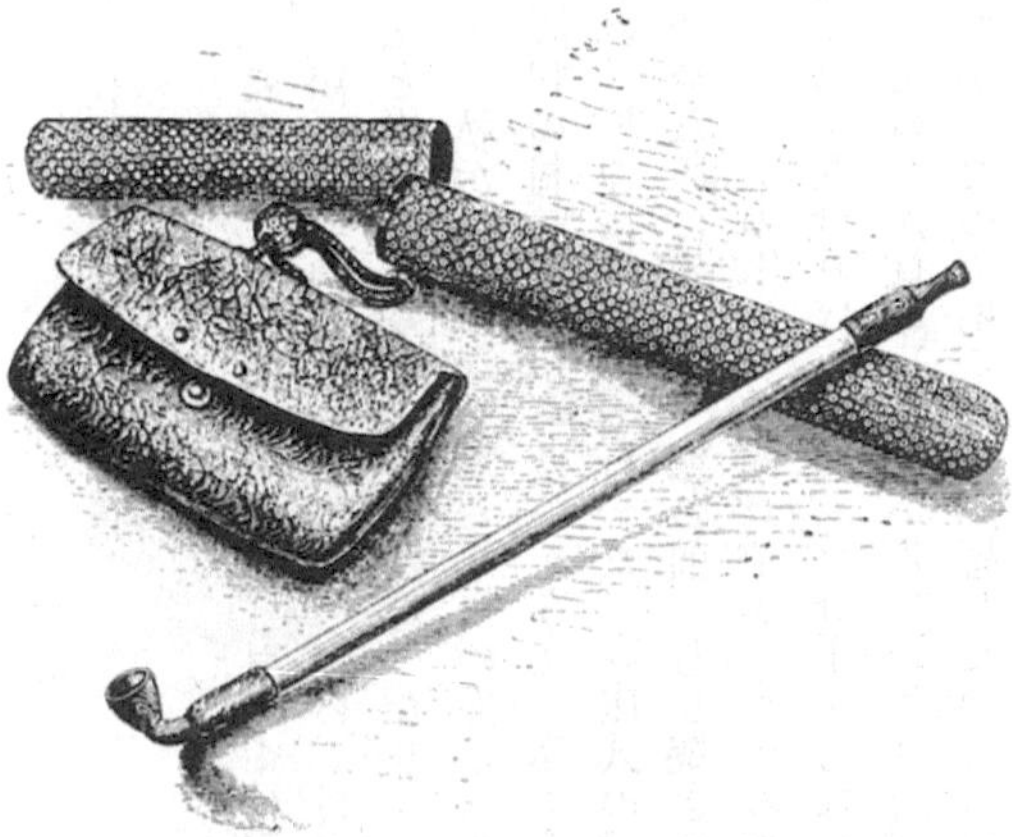

煙管《きせる》、煙管入れと煙草入れ(L. Oliphant, 1859)

個人の好みに加えて当時の酒造技術からくる味のばらつきもあったであろうから、味の問題を一般化して論じることはむずかしい。

5　不可解な食事マナー

つぎは食事マナーの問題である。マナーは民族により社会によりまちまちで、けっして全人類に画一的なものではないから、日本人にとって当たり前なことが外国人には無作法と思われたり、その逆があったりするのは当然のことである。

かつて、私が南太平洋のある小島のある村で調査をしていたときのことである。ある日、隣村の村長さんから使いがきて、私を食事に招待したいという。私は喜んでそれを受け、早速に出かけて行った。高床式の村長さんの家に靴をぬいで上がり、割竹を敷きつめた床に坐《すわ》ると、私の前にむし焼きにしたキンメのような魚と、これもむし焼きにしたパンの木の実とタロ芋がバナナの葉にのせて並べられ、さあどうぞという。もちろん箸もなければナイフ、フォークもない。手指で食べるのである。

ここまでは私が住み込んでいる村の生活で慣れていることであるから、どうということもなかったのであるが、困惑したのはこのあとであった。私は当然村長さん一家と会食するものと思っていたのであるが、そうではなくて、私一人が食事をするのである。村長さん一家といえば、私を半分とりまくような形で、各自がそれぞれに床に腹ばいになって寝そべり、頰杖《ほおづえ》をついて私の食事風景を鑑賞して下さっているのである。これではせっかくの南海の珍味もろくに喉《のど》を通ったものではない。日頃は温厚な（と思っている）私の胸にも、しだいにむらむらと怒りがこみあげてきた。この無作法はいったいどうしたことか。しかし、その怒りを直接村長さんにぶつけるわけにもいかない。顔で笑って心で泣いてとは、まさにこのときの私であった。

村に帰るとさっそくに私は、これを村人の誰彼に訴えてみた。ところが彼らは口をそろえて、そんなことはちっとも無作法ではないと答えたのである。このときほど私は、マナーの民族による多様さを思い知らされたことはなかった。

食事に日本人が箸を、欧米人がナイフ、フォーク、スプーンを使うということは、今では常識であるが、開国期にはそうとはいかず、ましてや相手方のそれを初めて使うとなれば、お互いに苦労しないのがむしろ不思議である。日本人は欧米人が箸を使うのに難渋するさまを見て笑い、欧米人は日本人のナイフやフォークの危うげな操りかたをおかしがったものであった。これは多くの欧米人によって記録されている。

一八六七年（慶応三）三月二十五日、フランス公使レオン・ロッシュに随従して大坂城中に滞在中の将軍慶喜に謁見する機会をえたスエンソンは、そのとき謁見にさきだって、城中で老中板倉伊賀守《いたくらいがのかみ》ほか三人と昼食をともにした。料理の半分は西洋式で、半分は日本料理であった。老中たちにとって日本料理はよかったのであるが、西洋料理となるとナイフとフォークを使うのに四苦八苦し、ついには手づかみまでする始末であった。スエンソンはその「無作法」を不愉快きわまりないと苦々しく見ている。日本人の「無作法」はそれだけにとどまらなかった。日本人は料理を味わうとき、何度も舌鼓を打ったりゲップの音を響かせては満足をあらわすのであった。スエンソンにいわせると、日本人にとってはその音を何度も繰り返すことが、洗練された作法とさえ見なされており、こうして礼儀正しく洗練された日本人といっしょに食事をする西洋人の苛立《いらだ》ちぶりを察してほしいと嘆き、「われわれはキリスト教徒の忍耐をもってこの避けがたき（日本人の）悪癖をこらえていたのである」（訳文は長島要一氏）と結んでいる。

「キリスト教徒の忍耐」というところが何とも滑稽《こっけい》であるが、こんにちのわれわれからみれば、食事中の舌鼓やゲップはたしかに無作法である。しかし、その頃の日本人にとっては、洗練された作法ではないまでも、自分の満足を主人側に伝える手段、つまり礼儀だったのであろう。現在のわれわれの礼儀作法の中には、西洋の影響によるものが、かなりあると知るべきである。

スエンソンははからずも、私が南太平洋の孤島で体験したのと似たようなマナーの違いによる不愉快さを味わったのであった。彼によると、外国奉行や通詞《つうじ》たちは、もうとっくにその「悪習」をやめていたという。欧米人と会食する機会の多かった彼らならではのことである。

ところが、スエンソンより十年も前の一八五七年（安政四）にハリスが下田のアメリカ領事館玉泉寺に下田奉行中村出羽守《なかむらでわのかみ》ほかを招待したおりの印象を、「彼らの食卓の振舞は、ニューヨークやパリ、ロンドンの如何なる社交界においても及第したであろう」（訳文は坂田精一氏）と日記にしるしているのである。謹厳でまじめ人間のハリスの、しかも他人に見せることのない日記中の言葉であるから、日本人に媚《こ》びての評言とも思えない。

日本人が饗応を受けたばあい、出された料理の一部あるいは食べ残しを、懐紙に包んで持ち帰ることは、欧米人にとってよほど印象深かったとみえ、彼らの多くがそのことを記録している。たとえばハリスが初めて下田に上陸する前日、つまり一八五六年（安政三）九月二日、彼を送ってきたアメリカ艦で下田奉行に昼食をふるまった。その日のハリスの日記には、奉行らが食べなかったものをもち帰ったという記述が見られる。

安政四年十一月十七日は陽暦の一八五八年元旦《がんたん》に当たる。この日、出島のオランダ商館長ドンケル・クルチウスが、いわゆるオランダ正月の祝いとして盛大な午餐《ごさん》会を催し、オランダ人のほかに二十人の通詞も招待した。この通詞たちは、「皿に残ったものは皆持てるだけ沢山に、紙に包んで持ち帰った。だから、跡には一物の余りものもなかった」(訳文は水田信利氏)。こうなると、何かさもしい気もしてくる。この話は当日招待されたオランダ人の一人、海軍伝習所教育班長カッテンディーケの伝えるところである。

日本人のこうした慣習については、じつは右にあげてきた諸氏よりも三十年も以前にすでに、シーボルトが一八二六年(文政九)の江戸参府中に注目し、日本の習慣では訪問者は出された菓子をもって帰ってよいことになっていると述べている。

しかし、シーボルトをはじめ、この慣習に注目したほとんどの欧米人は、それをたんに日本のしきたりとするか、家族へのおみやげと見なすだけで、日本の礼法に関係づけることは稀である。その稀な例の一人がオリファントで、彼はこれを主人への礼節のしるしであると説明している。面白いのはこれに続けて彼がつぎのように述べていることである。「きわめて礼儀正しい賓客は、ときどき召使を連れ、籠を用意してきて、所帯もちのよいイギリスの主婦なら、結構それで翌日の昼食の支度ができるくらいの残りものを、持ち帰ってしまうほどである」(訳文は岡田章雄氏)。さきにカッテンディーケがオランダ正月に招待された日本人通詞たちの行動について伝えていたところと同じようなものである。こうなると、礼節というよりも礼節にことよせて、といったほうがよさそうである。

もてなされた菓子や料理を持ち帰るのは、こんにちではむしろ主人側が心づかいして来客に持ち帰らせるように、文字通り主客転倒してしまった。逆転しながらも、そしてほそぼそとながらも、命脈は保たれているのである。

第七章　簡素な庶民の住居

1　プライバシーの無い家

公共建造物、オフィスビル、デパート、団地集合住宅、マンションはもとより、近年には個人住宅にも鉄筋コンクリート造りが珍しくなくなった。それでも、個人住宅は伝統的な木造というのがまだまだ幅をきかせているし、木造住宅に強いこだわりをもっている人も少なくない。ところが石造建築の世界から来た欧米人は、日本家屋がすべて木造であることに目を奪われた。なぜ石造でないのだ。

マホフは戸田で、住居が堅牢《けんろう》でなく、人びとが建物にあまり執着しないことを疑問に思い、その理由を住民に訊《たず》ねたところ、日本ではしばしば地震が起こるので石造建築ができないのだ、と教えられたという。日本には木材が豊富なので家屋の建築は容易であり、だから日本人は地震で家を失ってもたいして哀しいことではないのだろう、とマホフは推測している。日本のように地震の多い国では、石造建築は危険極まりないとハリスはいい、自身の難を避けるためには最も軽い材質が好ましく、そのために日本の家屋は木と紙とでできているとパンペリーも見ている。

地震となると、日本を訪れた外国人の十中八九までが経験している。すでに早くケンペルは、その著書の中に彼の部屋の窓ガラスが割れたばあいを含めて、何回も地震のことに触れているし、シーボルトも、江戸では年に十ないし十二回ほど地震があると述べ、彼自身が経験した地震の揺れ方についても言及している。マホフにいたっては、下田港で彼の乗るディアーナ号が大破する大地震の恐怖を味わっている。

日本の家屋の木材が、塗料を塗らずに白木のままであることに注意を払っているものも多い。そのさい、ペリーの「公式報告書」までが、日本の家は塗装しないから腐りやすいと白木造りをマイナス評価しているのに対して、スエンソンは、白木を好む日本人の美的センスに触れ、柱の自然な色と障子の紙の白さとの対照の妙を評価し、また、古い家は樫《かし》の木のような艶《つや》を帯びてこちらの美しさも捨てがたいと、まるで日本人並みの美意識を発揮しているのである。

日本の家がたいてい開け放ちで、外から屋内を見通せることは大きな驚きだったようで、これをとりあげている例はすこぶる多い。

長崎の丘のふもとの家並み(A. Humbert, 1870)

一八二六年（文政九）にオランダ商館長に随行して江戸参府旅行をしたシーボルトは、品川から江戸に向かう途中、高輪付近で見た家々が一階をすっかり開けはなしているので、家の者が昼食の支度をしているのがまる見えであったといい、たいてい閉め切っていて中を覗《のぞ》くことのできないヨーロッパの家とのいちじるしい違いに驚いている。

カッテンディーケに言わせると、こうした開けはなしの家で暮らすことは心が安まらないように思われるということになるが、カッテンディーケならずとも、こんにちの日本人にとっても、気持ちの落ち着かないことおびただしいものがあろう。

かつて私は西ポリネシアのサモアを訪れたとき、サモア人の家が円形プランであるうえに、円錐《えんすい》形の屋根を支える何本もの柱があるばかりで壁というものがまったくなく、江戸時代の日本民家以上に開放的で、プライバシーなどというものがまるで守られないことに驚いたものであったが、プライバシーが守られない点は、日本の庶民住居もサモアと大差なかったのである。

オリファントは長崎で、夏ともなると、半裸の男女が畳に寝そべっていたり、赤児がこれも裸で這《は》いまわり、母親の乳房に吸い付いたりしている姿を路上から眺めることができた。こうしたプライバシーの無防備状態は、長崎にかぎらず日本全国何処も同じで、リンダウは、日本人は野外で暮らしているのも同然だと評している。わざわざ覗きこまないまでも、路上から日本人の家庭生活を詳しく観察することができるというのである。

しかし、日中は開放的な家も夜間には雨戸を立てて閉ざされるし、寒い冬ともなれば日中でも開け放しとはいかない。採光を考えれば昼間から雨戸を引き立てるわけにはいかず、そこで紙ばりの明かり障子で外気を遮断することになる。けれども、これで外気が完全に遮断できるわけはなく、寒さがしんしんと忍び込んでくる。ガラス戸の普及はまだずっと後のことである。しかも、当時の暖房具としては、田舎家の囲炉裏のほか町家ではコタツと火鉢、それに保温具として湯たんぽと懐炉があるくらいのものであった。

それで、じっさいに冬の日本の家に住んでみたものはもとより、観察しただけのものでも、たとえばフィッセルのように、日本の家は夏向きであるとか、カッテンディーケのように、日本には冬にも住み心地良く暮らせる家が欠けているといった意見になる。シーボルトの息子のアレクサンダーは、長崎で経験した冬の生活をつぎのように語っている（『フィーリップ・フランツ・フォン・シーボルト父子の最後の日本旅行』一九〇三年刊）。

「冬がやってきて、早朝などアッという間に池の表面に薄氷が見られるようになった。（中略）日中、部屋はただ薄いが透けて見えない紙張りの障子だけで外界からさえぎられていたので、部屋の中で寒さをしのぐのにたいへん苦労した。太陽がさし込むようにするには、みんな明け放しておかなければならなかった。暖房には、木炭を鉢に入れたいわゆる〈火鉢〉だけを使った。せいぜい手を暖めるぐらいのことだったが、窒息（一酸化炭素中毒――石川注）の危険があるので、非常に用心して取扱わねばならなかった」（訳文は斎藤信氏）。

日本家屋の冬の寒さは、民家ばかりか、大きな茶屋（料理屋）も変わりなかったようで、ドイツの外交官ブラントは、大坂心斎橋《しんさいばし》に立ち並ぶ大きな茶屋の一つに上がったときの経験として、大きな火鉢があったが、ただ頭が痛くなるばかりで、少しも温かくならず、寒さに震えた旨を語っている（『東アジアにおける三十三年』一九〇一―〇二年刊）。

右に引用したマックス・フォン・ブラントは、一八六〇年（万延一）に日本・プロシア通商条約の締結を目的とするオイレンブルク全権公使に随行して日本を訪れ、条約調印後の一八六二年（文久二）に初代駐日領事として横浜に着任、以後一八六七年（慶応三）代理公使、一八六八年（明治一）北ドイツ連邦総領事、一八七二年（明治五）駐日ドイツ全権公使を歴任、一八七五年（明治八）まで日本に在勤した。その間、彼は江戸、横浜のほか、京阪神、下関、対馬《つしま》、甲府、さらに北海道とひろく各地を旅行し、日本人の生活をくわしく観察している。

日本家屋の冬の寒さ、暖房設備の不備を指摘する感想が多い中で、マホフの意見はユニークである。彼はいう。日本の気候はいつも快適で暖かいので、日本人には暖房の観念がないのだ、と。マホフの故郷はロシアであるし、マホフが日本で暮らしたのは日本の中でも温暖な伊豆の戸田であるから、彼の右の意見は当然といえば当然であろう。

暖房の不備と並んで、煙突の無いことを指摘するものも多い。ケンペルは、江戸参府の途中に泊まった大坂の宿で、煙突が無いために炊事か風呂《ふろ》焚《た》きの煙に悩まされた旨を記しているし、フィッセルは日本に火災が多いことの原因を、煙突を使用しないことに求めている。シュリーマンによれば、煙を追いやるためには戸口や窓を終日開け放しておく。これではいくら火を焚いても暖房にはならないわけであるし、もし閉め切って煙たさを我慢するとなれば、呼吸器や眼に良いはずがない。後に述べるように、当時の日本には眼を病むものが非常に多かったが、その一因はこの辺にあったかも知れない。

2 家具が無い——畳は万能

最近は床に畳を敷かず、ラッカーなどで美しく艶《つや》だしした板張りのいわゆるフローリングが大はやりであるが、かつての日本家屋の座敷といえば、ごく古い時代を別にして、ほとんど例外なく畳敷きであった。この畳が、とくにつぎの二つの点で欧米人の注意を強く惹《ひ》きつけた。

その一は、畳の大きさが一定しており、土地や家屋の広さを計る標準寸法となっていること。オリファントやホジソンがとりわけそのことを強調している。畳の大きさにも江戸間、京間、それに近年では「団地サイズ」などの違いがあるのは、よく知られているとおりであるが、タテ・ヨコの比は二対一で、タテ（長辺）は京間で六尺三寸、江戸間で五尺八寸が規格である。しかし、一般にはタテ六尺、ヨコ三尺とみなし、畳二枚で一坪とする見かたが通用している。

その二は、畳が果たしているほとんど万能の役割である。ペリーの「公式報告書」には、日本人は畳の上に坐《すわ》って食事をし、商品を売り、煙草を吸い、友達と話をし、夜はこれに寝る、という記載が見られる。のちにとりあげるように、日本には家具らしい家具がほとんどなかったが、畳が椅子、テーブル、ソファ、ベッドなどの家具の役目を果たしている、とアンベールも感嘆している。

さて、その畳敷きの部屋は、障子や襖《ふすま》によって仕切られるが、それらを取りはらえば、一つの大きな部屋になる。この、襖や障子の加減次第で部屋を広狭自在に操作できることは、欧米人をひどく感心させた日本人の知恵であった。すでに一六九一年(元禄四)にケンペルが、江戸参府の道中で見た民家についてそのことに注目していたし、ケンペル以後、幕末・開国期においても、ハリスをはじめ多くの欧米人がそのことをとりあげている。

近年は日本の住宅の建築様式がずいぶん変わり、各部屋の孤立した造りが幅をきかせ、襖で仕切られた二間続き、三間続きの造りなどは、地方に残る古い民家のほか旅館や料亭でしかお目にかかることがほとんどなくなってしまった。流行ということもあるだろうが、生活事情の変化が住居様式の変化を促したのである。

障子・襖・雨戸など、開閉の装置がすべて左右の引き戸であって、西洋流の前後に開閉するドアでないことも、やはり注目すべき日本家屋の特徴であった。日本には、上にはね上げて開くしとみ戸や観音開きもあるが、欧米人の目には、左右にすべらせて開閉する戸障子がいちばん興味深かったとみえ、そのことに触れているものも少なくない。

襖絵も珍しかったとみえ、これに触れているものもある。欧米人の住居には、模様入りの壁紙はあるにしても、ドアに絵を描く習慣は無い。スエンソンによると、襖絵の主題はたいてい風景・人物・動植物で、風景のばあいは富士山《ふじさん》が断然多いという。
なお、襖や障子に関連して、アーネスト・サトウが面白い意見を述べているので、ついでに紹介しておこう。

「日本の家屋は、秘密の話がしにくいようにできている。障子のうしろや襖のかげには、常にだれかが立ち聞きしている。だから、もし密謀を企てようとすれば、謀議は庭のまん中でやるのが最もよい。そこなら、盗み聞きを防ぐことができる」(訳文は坂田精一氏)。

面白い意見といったが、密議・密謀の多い外交官サトウにとっては、じつは深刻な問題だったのである。「壁に耳あり、障子に目あり」をまさに地で行く、日本家屋の特徴をよくあらわした話である。
日本人の住居に家具が無いことにも、欧米人の皆が皆、驚かされたことであった。ここでいう家具とは、椅子・机《デスク》・テーブル・アームチェア・ベッド・サイドボード・書棚などのことである。生活様式の欧化が進んだ現在の日本では、これらの欧風家具もすっかり馴染《なじ》み深いものとなって、家具の無い生活などおよそ考えられもしないこととなった。戦後すぐ、日本全体が貧しかった時代に大学生活を送った私は、木のリンゴ箱を机に、同じく木の蜜柑《みかん》箱を本棚にして、本物の家具とは無縁の下宿生活を送ったものであったが、いまの学生諸君には、机・椅子・ベッドはもとよりのこと、洋服簞笥《だんす》から冷蔵庫、洗濯機、さらにはテレビ、電話まで、家具の一式を取り揃えて、アパートもしくはマンション暮らしをしているものも稀《まれ》ではないようである。敗戦直後、否、戦前とくらべても隔世の感があるが、ましてや明治以前との比較となれば、お互いに、これが同じ日本かと訝《いぶか》るばかりであろう。

さきにちょっと触れたように、開国期に日本を訪れ、日本人の家を覗いたほどの欧米人は皆が皆、日本人の家に家具らしい家具がほとんど無く、どの部屋もガランとしていることに驚きをかくさない。ペリーの「公式報告書」は、日本人は畳に坐る生活をしているから椅子を必要としない、と述べている。もちろん、当時も床几《しょうぎ》（腰掛け）のようなものはあったが、これは日常の生活には不必要である。椅子が無ければ当然机もテーブルも不要であるし、畳の上でくつろげるならば安楽椅子もソファも必要ない。ベッドも畳の上に寝る習慣からすれば、不要のしろものでしかない。さきに、畳が万能であるむねをとりあげたが、日本人が家具をもたないのは、この万能の畳生活と密接に関連しているといってよかろう。

しかし、いくら家具が無いといっても、生活するうえでの最小限の家具は必要である。それを家具といってよいかどうか、台所用具をペリーの「公式報告書」はあげている。唯一の家具としてリンダウは火鉢と煙草盆をあげ、アルミニヨンはこれに二、三の戸棚、金具のついた木の箪笥一棹《さお》、小物入れの小箪笥を追加している。家具を持たないこうした簡素な日本人の生活ぶりを、ヒュースケン、オールコック、アルミニヨンが、そろって「スパルタ的」と形容しているのが面白い。

オールコックは、こうした日本人の簡素な生活様式に皮肉でないとすれば羨望《せんぼう》にも似たものを感じたとみえ、ヨーロッパ人の新婚夫婦が、もし日本人と同様に畳の上で寝起きする生活に耐えられるならば、家具屋の請求書に悩まされることはありえなかろうと述べている。そして、ヨーロッパ人の生活には、日本人の目から見るとき、あまりにも無用の家具が多すぎると映るだろうと半ば自嘲《じちょう》している。

家具の無いのは民家にかぎらず旅籠《はたご》も本陣も同じであった。それで長崎から泊りを重ねて江戸参府をするオランダ商館長の一行も、旅をしようとするその他の欧米人も、椅子、テーブル、簡易ベッド、マットレスといった家具を携行しなければならなかった。彼らが必要とする、しかし日本では手に入らない食料品や飲物を持ち運んだことはもちろんである。したがって、大人数の旅行ともなれば、携行する荷物の量は膨大なものとなり、これを運搬するために雇う人夫や駄馬の数も並大抵のものではなかった。

万延元年（一八六〇）に、日米修好通商条約の批准交換のために渡米した七十七名からなる日本使節団は、旅行中の生活をすべて日本式に過ごすつもりで、米・味噌《みそ》・醤油《しょうゆ》・座布団・衣類・わらじ・提灯《ちょうちん》・ろうそく・筆硯《ふですずり》・料紙・火鉢・茶道具まで持参したので、その総量はアメリカ人をあきれかえらせたものであった。しかし、オランダ商館長の参府旅行も似たようなものだったのである。

のちになると、日本側が気をきかせて、あらかじめ大工や指物師に椅子や机をつくらせておくこともあった。しかし、こうした日本側の用意した洋風家具には、どうやら日本人の体格に合わせて作ってしまったものもあったとみえて、一八六八年（慶応四）に大坂の寺に止宿したプロシアの代理公使ブラントは、せっかく用意してくれていた椅子や机の寸法がひどく小さかったと残念がっている。

洋風家具がすっかり普及した現在でも、人さまざまで、私はくつろぐのも畳の上、原稿を書くのも畳の上で座卓に向かってでなければはかどらない。だから、研究室のデスクを前に椅子に腰掛けてでは、なんとも落ち着かず、せいぜい事務的な仕事ができるだけで、原稿などとうてい書けたものではない。昭和二十年代の前半に私は学生生活を送ったが、その頃の大学の先生がたの中には、研究室にわざわざ畳を入れて、坐って仕事をしておられるかたがおられた。

さきの万延元年遣米使節団の面々は、アメリカでホテルの部屋におさまるや、椅子やテーブルを片づけ、絨毯《じゅうたん》の上に座布団を敷いてくつろいだという。私にはその気持ちがよくわかる。私はどんな立派なホテルの部屋でも、ゆっくりとくつろぐことができない。それで私は、日本旅館党である。

面白いのは、それとちょうど逆のことを、ペリーの「公式報告書」が述べていることである。同書はいう。「（日本の宿屋は）卓子、椅子、安楽椅子、ランプその他慰安に必要欠く可らざるものが全くないために、家や日本の旅宿で安らかに手足を伸すことを大いに妨げられる」（訳文は土屋喬雄・玉城肇両氏）。

言わずもがなのことであるが、右の日本人とアメリカ人の違いは、要するに慣れの問題つまり、身に染みこんだ生活習慣の問題である。坐る姿勢についてもそうである。欧米人もときおり駕籠《かご》に乗ることがあったが、たとえばシーボルトは、日本人は正座にせよあぐらにせよ坐ることに慣れているからよいが、そうした習慣をもたないヨーロッパ人には、駕籠は拷問台のようなものであるとこれに乗る苦痛を訴えている。同様の苦痛の嘆きは、駕籠を経験したすべての欧米人が洩《も》らしている。ハリスもそうした一人であった。ただし彼はそれに懲りて、駕籠の中でながながと脚を伸ばせる、長さ二メートルにもおよぶ彼専用の特別の駕籠を作らせたという。

3　枕は日本文化の謎

畳の生活に慣れない欧米人が日本国内を旅行するばあい、しばしばベッドやマットレスを携行したことについてはすでに述べたとおりである。当時の日本の庶民、少なくとも下層の人びとは、敷き蒲団《ぶとん》無しで畳の上にじかに寝るのが普通であった。元禄頃から関西では長方形の掛け蒲団、関東ではどてらふうの夜着（掻《か》い巻き）を上に掛けることが習慣化してきたが、敷き蒲団無しに変わりはなかった。

現在のわれわれから見ると、敷き蒲団無しで寝るなどということは、災害に見舞われて避難所暮らしを余儀なくされたとか、泥酔して帰宅してそのまま寝込んでしまったとか、よほど特殊なばあいにしか考えられないことである。ところが、欧米人の報告にはその点についての驚きは無く、日本人にとって畳は寝具でもある、と淡々と述べるばかりなのである。彼らにとってむしろ驚きであったのは、日本人の枕であった。欧米人は芯《しん》にパンヤか羽毛を入れた柔らかい大形枕を使っていたのに、当時の日本では堅い木枕か、箱枕が一般的であった。

フィッセルによると、木枕は長さ二十センチメートル余り、幅十センチ弱、高さ十五センチメートルほどの丸太で、その上に頭ではなくて頸《くび》をのせて休むという。この最後の点は、髪形を崩さないための配慮である。木枕の上には、束ねた紙がのせてあり、毎日一枚ずつはがすようになっていた。これは髪油で枕を汚さないための配慮である。当時の日本人は男も女も多量の髪油を使っていた。

箱枕も広く使われていた。これは、側面を梯形《ていけい》にした木箱で、抽出《ひきだし》つきであり、その抽出には櫛《くし》や簪《かんざし》、髪油などが納められていた。箱の上に棉《わた》を詰めた小さな括《くく》り枕を取りつけることも多かった。こうした箱枕は、いまでは民俗資料館などでしかお目にかかれなくなってしまったが、私の記憶するかぎり、まだ日本髪がすたれていなかった昭和の初期には、どの家庭にも箱枕の幾つかがあったものである。箱枕については、フィッセルのほかにも触れているものは少なくない。ペリーの「公式報告書」には、箱枕の絵さえ挿入されている。

その欧米人が驚きあるいは不思議としているのが、木枕や箱枕に頸をのせてどうして安眠できるのか、ということであった。ペリーの「公式報告書」には、箱枕について、それが安楽かどうかは疑わしいという記述が見られるし、オイレンブルク一行の紀行にいたっては、これでどうして眠れかつ休むことができるかは、日本文化の謎の一つであるといったような表現さえ用いている。慣れればどうということもないのかもしれないが、頸だけのせて頭を支える枕ではたして安眠できるものか、オイレンブルクならずとも、括り枕を常用しているいまの私たちにも理解し難いところである。

旅籠で枕を頭にくつろぐ男たち(A. Humbert, 1870)

スエンソンはいう。日本の枕を使うことは、ヨーロッパ人にとっては拷問にも等しく、五分も使っていようものならば、えりくびが我慢できないほど凝ってしまう、と。

かように評判の悪い箱枕であるが、稀にはその良さを買う人もいた。モースがそれである。彼自身が経験してみての感想として、箱枕は一見いかにも使い難《にく》そうであるが、二時間ほど寝てみたところ具合がよい。とくに暑いときには、空気が頸のまわりを吹き通してまことに気持ちがいい、とほめている。ただし、以後彼が箱枕の愛用者となったかどうかはわからない。それに彼は、馴れない人が一晩中使用すると頸に痙《けい》攣《れん》が起こると書き添えてもいる。

日本の庶民の住居について、開国期に来日した欧米人たちは、まだいろいろと語っているが、あまりに煩瑣《はんさ》にわたるから、あとは清潔さの印象だけをとりあげて終わりにしよう。

彼らにして、日本の住居の清潔さを絶賛しないものはいない。「女房と畳は……」という戯《ざ》れ言があるが、たしかに、新しい青畳はあの独特の匂いまでが加わって、なんともいえず好ましいものである。しかし、欧米人が礼賛するのはこうした青畳ばかりでなく、たとえ古畳であっても、屋内全体が簡素で手入れが行き届き、一見して清潔感に溢《あふ》れていることであった。たとえばリンダウは、日本の家屋は清潔さこそが主要な装飾となっていると印象を語り、またたとえばフィッセルも、畳のほか天井も壁も極端なくらい清潔に保たれており、それがかえって日本の部屋の装飾となっていると同様の印象を述べ、清潔さこそが日本の家屋のいちじるしい特色であるという。

そうした清潔さの理由の一つは、坐るのも寝るのも食事をするのも、すべてが畳の上でなされるので、土足で部屋に入ることが厳禁されており、入口で必ず履物をぬぐことにある、とはゴンチャローフの指摘である。屋内も屋外と同じ靴を履いたままの欧米人からすると、日本人がいちいち履物をぬいで家に上がることは珍しかったとみえ、これに注目しているのもゴンチャローフにかぎらない。

欧米人にとって、家に出入りするのに、いちいち靴をぬいだり履いたりするのはよほど面倒だったとみえ、オリファントは、日本側から提供されたイギリス使節団（エルギン卿《きょう》一行）の宿舎で、はじめは日本人と同じように靴をぬいで畳を汚さないよう心がけたが、ぬいだり履いたりがあまりに面倒なので、ついには清潔さを捨てて便宜をとることにしたと告白している。そして、着脱に便利な日本の草履は、西洋人の柔らかい足の指には適さないと付言している。

履物をぬぐという日本の習慣を知ってか知らないでか、靴に固執する欧米人は必ずしも稀ではなかったとみえ、パンペリーは、そうした理由で外国人を拒否する宿屋があり、首尾よく上げてもらえたばあいでも、もっとも粗末な部屋をあてがわれることが多かったと記している。それも無理はない。日本では貧乏人の家でも畳は清潔であるのに、西洋人が日本の家に住むと、家がたちまちのうちに荒らされてしまう。召使いが日本人でないばあいには、それが特にはなはだしく、幾日もたたないうちに畳は破れて中身がはみ出し、障子・襖もぼろぼろになって、見るも無残な状態になってしまう、とアルミニョンが報告しているくらいである。

フィッセルによって日本家屋の特色とまで言われた清潔さにも例外はあった。というよりも清潔さはしばしば見かけだけであった。アンベールが横浜郊外の金沢八景で泊まった宿は、よほど古かったものか、彼は日本のあばら家の畳は蚤《のみ》の大群の巣であり、とても眠れたものではなかったと悲鳴をあげている。当時はまだ辺鄙《へんぴ》であった明治初期の東北地方を旅したイザベラ・バード女史も、泊まったさきざきの宿で蚤の大群に襲われ、さすがタフな彼女もこれにはよほど参ったとみえて、愚痴をこぼすことしきりである。もっとも彼女は、この旅に先立って横浜の英国領事館を訪ねたとき、代理領事から「日本旅行の大きな障害は、蚤の大群と乗る馬の貧弱なこと」と聞かされているから、宿屋の蚤は当時の定評だったとみえる。同じ頃日光《にっこう》へ旅したモースも、やはり蚤の大群に悩まされている。見た目の清潔さは、必ずしも内実にまで及んでいたとは限らなかったのである。

第八章　矛盾だらけの日本人

1　不誠実な日本人

日本を矛盾に充《み》ちた国と称したのは一八六二年（文久二）から一年余を日本に過ごしたアメリカ人パンペリーである。日本の売春制度に関連して彼はつぎのように述べている。

「われわれの基本に従えば、日本は矛盾に充ちた国である。婦女子の貞操観念が、他のどの国よりも高く、西欧のいくつかの国国より高い水準にあることは、かなり確かである。しかしなお、これとともに自分たちの娘を公娼宿に売る親たちを見かけるし、それはかなりの範囲にわたっている」（訳文は伊藤尚武氏）。

矛盾に充ちた国という言葉こそ使っていないものの、パンペリーに先だってポンペも、同様に、日本の売春制度に関連して、最高の道徳と理解に苦しむほどの不道徳とが共存しているのが日本である、と述べている。

さきに第三章で触れたように、日本の男女混浴の習俗についても、この習慣は日本人の謙虚さや礼儀正しさと完全に両立するものらしい、とパンペリーが疑問を呈し、カッテンディーケは、日本人の男女混浴や裸を人目に曝《さら》して恥じないことに加えて、非常に貞淑な日本女性が、席を中座する理由を問われて、「ちょっとお小用に」と平気であからさまな返答をすることに呆《あき》れている。欧米人の目からすれば、これもまた日本人の矛盾と映ったに違いない。

欧米人が日本人もしくは日本文化の矛盾と見て、とまどいを覚えた事柄はこれだけにとどまらない。その中には明らかに彼らの誤解によるものもないではないが、他方にはわれわれが気づかずに見過ごしていたまぎれもない矛盾もある。以下、その幾つかを紹介してみることにしよう。

日本の庶民を正直で親切で友好的と評する一方、その同じ日本の政治家、役人、商売人が度し難い嘘つきで不誠実であるとは、開国期に来日した欧米人たちが口を揃えていうところである。

ペリー艦隊の首席通訳官ウィリアムズによると、ペリー提督をはじめ日本側との交渉に当たった士官たちは、日本人を「野蛮人、うそつき、馬鹿者の群れ、哀れな悪鬼」（訳文は洞富雄氏）と罵《ののし》っていたという。これは、「太平の眠りをさます…」の狂歌どおり、武力を背景に執拗《しつよう》に開国を迫るペリーに対し、周章狼狽《ろうばい》して何とかこの苦境から逃れようと言を左右したり、臆面《おくめん》もなく前言を翻したりしていっこうに埒《らち》のあかない日本側の態度に、いい加減業《ごう》を煮やしてイライラのつのったペリー側の憤懣《ふんまん》から出た言葉である。

いったんアメリカと和親条約を結べば、ヨーロッパ各国が同様の条約締結を求めてつぎつぎと姿をあらわすのは当然であったし、和親条約から通商条約への改定、それに伴う開港場の指定、通貨交換率、在日外国人の権利などなど、外交問題はそれこそ息つく間もないほどつぎからつぎへと押し寄せてくる。先方は百戦錬磨の外交の手練《てだれ》であるのに対して、こちらは長い鎖国・太平の世に狎《な》れて、外交などということをとんと知らず、しかも海外事情にも疎い幕閣であり官僚である。加えて、下手をすると幕府の存在をゆるがしかねない厄介な国内問題まで起こってきた。祖先の遺法を絶対とする保守派（攘夷《じょうい》派）と進歩派（開国派）の対立である。

こうした状況のもとで、日本側が右往左往し、ときには解決を先送りするために、交渉の当事者が仮病を使ったりするいわゆる「ぶらかし戦法」という姑息《こそく》な手段を用い、あるいは、閣内不統一から前言を翻すなどのことがあったとしても、当時の日本の状況からすれば、やむをえぬ節も多々あったのである。しかし、日本に開国・通商を迫り、少しでも自国に有利な条件を引き出そうとする側からすれば、日本の政治家や官僚は稀代《きたい》の嘘つきであり信頼できない、ということになる。

一例として、ハリスのばあいをあげてみよう。一八五六年八月二十七日(安政三年七月二十七日)、ハリスが米艦サンジャシント号で送られて下田に着き、領事館開設について日本側と交渉を始めたときのことである。彼は日記にいう。

「奉行もしくは副奉行と会見するため、午前十時に上陸した。ところが、彼らのいずれも姿を見せなかった。江戸の役人をふくめて十名の者が会見の席へ出た。彼らは、奉行が前夜来健康をひどくそこね、甚しく頭痛の模様なので、奉行と相談することができなかったとのべた。(中略)私は彼らに、約束しながら副奉行が出席しないのは心外の至りだ、それは私に対し敬意をかくものと思う、私は奉行又は副奉行以外の誰とも、用務に関する会談に入ることはできない」(訳文は坂田精一氏、以下同)。

そしてハリスは、直接交渉のために軍艦で江戸に乗りこむぞ、とおどしをかける。

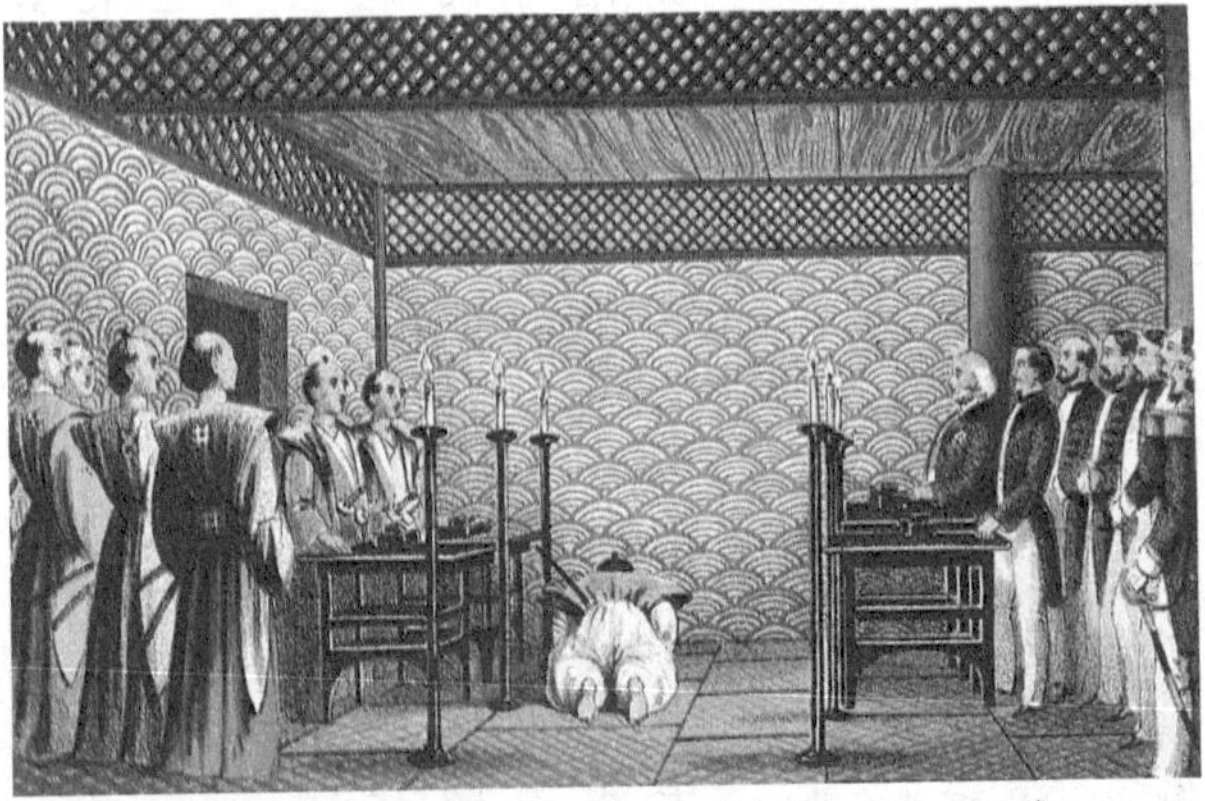

通詞を介してハリスと日本側の会見(C. Crow, 1939)

「私が江戸へ行くといったときに、彼らはひどく狼狽した」。

また、一八五七年五月一日（安政四年四月八日）の日記には、日本側が前言を翻したことに憤ってつぎのような記述を残している。

「森山（多吉郎、日本側通詞――石川注）は、四月二十二日に私が出した手紙の返事として、一通の奉行からの書簡を持参する。それは私の全然予期しないもので、去る二月にこの問題で談じ合った際には彼らが私に言ったものと、全く相違したものだ。それは全く嘘と二枚舌でかためたものである。なんとかして真実が回避され得るかぎり、決して日本人は真実を語りはしないと私は考える。率直に真実な回答をすればよいときでも、日本人は虚偽をいうことを好む」。

何度もこうした苦い経験をしたうえでハリスが会得した教訓は、つぎのようなものであった。「日本人は今まで、恐怖なしには何らの譲歩をもしていない。我々の交渉の将来のいかなる改善も、ただ我々に力の示威があってこそ行なわれるであろう」。

欧米人が日本人の不誠実・不正直に腹を立てたのは、政治・外交交渉の場においてだけではなかった。こんどはオールコックの例を引くことにしよう。一八六一年（文久二）六月、オールコックはオランダ総領事デ・ウィットと共に長崎から陸路を江戸へ旅する途次、下関である古寺を訪れる。ここにあるはずの伝・豊太閤《ほうたいこう》の太刀二振りを見学したいがためであった。ところが、随行の日本人役人はそんなものは無いというう。一八五八年（安政五）にオランダ商館長ドンケル・クルチウスがそれを見ているのだから、と突っ込むと、役人はこんどは「お見せできる僧がいない」と答える。僧を探して呼んできてくれと言うと、その僧は死んだととぼける。それなら、その僧の後継者を呼んでくれとねばると、彼は小倉に行っていると返答する。まるで双方の根くらべのような問答である。ところが、そこへ当の僧があらわれて一件落着となり、オールコックらは伝・秀吉《ひでよし》の太刀を見ることができた。

問題はむしろこの後である。オールコックが役人に、なぜ最初に刀など無いと言ったのかと詰問すると、そう思ったのだと答える。自分は当寺の者ではないから刀のことなど知らなかった、というわけである。それならば、なぜ僧が死んだとか小倉に行っているなどと言ったのかと二の太刀を浴びせると、誰かがそのように言っていたからだと躱《かわ》す。最後までこういった調子で、さしも手練《てだれ》の外交官オールコックもお手あげである。そこで、オールコックはつぎのように記している。

「日本人の良心に触れるような具合にごまかしを責めようとするのは、泥のなかで鰻の尻尾をつかもうとするようなものである。かならず身をくねらせてこちらの手からぬけだし、生まれ故郷の虚偽の大海をまた泳ぎまわるのである。真理の乾いた岸に引っぱり上げようとするのは、きっと彼にとってもまたそのお手本である政府にとっても、きわめて不自然で恐るべきことであるにちがいない」(訳文は山口光朔氏)。

オールコックは、このような不正直がまかり通るのは、けっきょく、「万事、妨害を旨とせよ、外国人にはできるだけ行動させるな、見させるな、知らせるな」という日本政府の一般政策を役人が実行しているからに他ならない、と考える。たしかにそのとおりである。開国早々の日本は、まだまだ外国人に対する警戒心が強かったのである。

これが商売がらみのことになると、欲得ずくの不正が横行することになる。物の値段を吹っ掛けられたなどはまだ生易しいほうである。もう一度オールコックのいうところを引用してみよう。

「日本人の悪徳の第一にこの嘘という悪徳をかかげたい。そしてそれには、必然的に不正直な行動というものがともなう。したがって、日本の商人がどういうものであるかということは、このことから容易に想像できよう。彼らは、東洋人のなかではもっとも不正直でずるい。こういうことは、ひとつの種族全体についてはおろか、ひとつの階級についてすら、はっきりとはいえないことのように思えるが、開港場で、とくに貿易の最大の中心地である横浜で営まれている貿易において、きわめて巧みな計画的な欺瞞の例が絶えないことを見れば、この点については疑う余地はない」(訳文は山口光朔氏)。

その「巧みな計画的な欺瞞」の例として、オールコックがあげているのはつぎのような詐術である。輸出する絹の梱《こり》の外側には同じ品質の束を置き、内側にはもっと品質の悪いものを詰めておく。樟脳《しょうのう》の瓶《かめ》には、上のほうにだけ本物を入れ、そのほかは米の粉で満たしておく。同様に、油桶《あぶらおけ》の下半分はただの水である。

オールコックは公平に、イギリスにも唐辛子の代わりに鉛丹《えんたん》を売ったり、小麦粉の代わりに明礬《みょうばん》と骨粉を混ぜたものを売る商人のいることを認める。「とはいえ、だますことの巧みさと一般性にかけては、日本人は遥かにわれわれにまさっている」。

当時の横浜の貿易商人がそれほどえげつなかったのかとは、「まさか」と思いたいところであるが、「さもありなん」という気もしないではない。なにしろ、今でも(あるいは今ではますます、というべきか)悪徳商人の詐欺的商法や贈収賄事件は跡を絶たないし、海外からの外国人労働者や研修生の給料をピンハネする業者さえいる日本である。だいいち商売人あるいは業者ならずとも、国民から国政を委《ゆだ》ねられた政治家が、票の買収はするわ収賄はするわ、加えて官僚までがそれに倣って収賄をし、国民に対しては、さきほどあげた下関の古寺でオールコックに応対した役人と同様に、不誠意きわまりない言い抜けばかりをこととしているのである。オールコックはいみじくも「役人根性」という言葉を使っている。この根性は百数十年の昔も今も変わっていないのである。ああ言えばこう言う式の、役人の不誠実な言い逃れについては、たとえば太宰治《だざいおさむ》の短編『家庭の幸福』に描かれているように、庶民の誰もが日常的に腹立たしく思い、それでいよいよ役人を軽蔑《けいべつ》することになるのである。

オールコックは、日本では嘘がバレても恥にも不面目にもならず、いっこうに平気であると呆れている。日本には「嘘も方便」という俚諺《りげん》があるくらいであるから、ばあいによっては嘘は大目に見られてとくに悪徳として非難されることがないのは事実である。したがって、嘘がバレてもいっこうに平気と外国人に見られてやむをえないばあいがあったとして、不思議はなかろう。

付言。一八六六年（慶応二）夏から約一年間日本に駐在したデンマークの海軍軍人スエンソンは、日本の官僚・役人の悪習として、酒にすぐ手を出すこと、無類の女好きなことを指摘している。これは近年の財務をはじめとする各省庁の高級官僚のスキャンダルのことをいっているわけではない。一五〇年以上も昔のスエンソンの指摘をみるかぎり、これは日本の役人世界の長い伝統なのだ、と思わざるをえない。かつて東京大学の卒業式の式辞で、ときの総長矢内原忠雄《やないはらただお》氏は、「太った豚となるよりも、痩《や》せたソクラテスたれ」と訓示し、また、京都大学の滝川幸辰《たきがわゆきとき》総長は「ただ酒を飲むな」と訓戒した。その頃私はラジオのニュースか新聞紙上でこれを知り、日本の知性を代表する東・西両大学の総長たる者が、何と低次元な俗な訓示をするものかなどがっかりしたものであったが、今にして思えば、両総長とも日本の高級官僚の実は心根は低級な生態を承知したうえでの訓戒だったのであろう。

2　正直で親切な日本人

ところが、日本には「嘘は泥棒の始まり」とか、嘘をつくと閻魔《えんま》様に舌を抜かれる、という教訓もあって、けっして嘘一般が許容されていたわけではない。それに幕末期ともなると、幕藩権力者側の奨励もあって寺子屋が全国的に普及し、そこでは読み・書き・そろばんとともに、礼節の躾《しつけ》や道徳教育も施されたから、檀那寺《だんなでら》住職の説法による仏の教えと相俟《あいま》って、正直と親切・慈悲心とがひろく日本人の心の中に植えつけられていたはずである。

そのせいかどうか、来日欧米人は政治家や役人、商人の不正直、不誠実を詰《なじ》る一方で、庶民の正直で礼儀正しく親切なことに一様に感激しているのである。一、二の例をあげてみよう。まず、ペリー艦隊のばあい。下田に入港して士官たちが自由に散歩を楽しみ始めると、住民たちが熱烈歓迎して群がり、通じない言葉でなんとか会話を交わそうとする様子であった。ところが、やがて役人とその手下どもがあらわれて住民たちを逐《お》い散らしてしまった。ペリー艦隊「公式報告書」は、日本人が外国人に対して厳しく排他的なのは、政策上の動機から幕府が制定したにすぎない法律で、日本人民の感情にもとづくものではないと看破している。

つぎに、プチャーチン提督座乗のディアーナ号のばあい。同艦が下田で大地震と津波に襲われて難破してのち、救助されて西伊豆戸田村に約半年間を過ごしたマホフは、つぎのように日本人の印象を述べている。

「日本人は思いやりがあり、博愛心に富んでいる。このことは、ディアーナ号難破の際に私たちを救助してくれたことで実際に彼らが示した通りである。彼らは客好きで善良である。オランダ人以外の外国人を入国させないという法を曲げてまで、私たちを愛想よく迎えて、住居を提供し生活に必要なものをすべて持って来てくれた。彼らは友情に厚く、同情心に富む。私たちの滞在中、私たちは誰一人として侮辱を受けなかったばかりではなく、いつも私たち一人一人に対しても好意と尊厳を示し、私たちが日本を去るときにも友情を示し、別れを惜しんでくれた」（訳文は高野明・島田陽両氏）。

マホフたちのような不運な遭難者にかぎらず、外国人の誰に対しても礼儀正しく親切で友好的である、という日本人の評判を拾っていけばきりがない。それだけではない。日本人をきわめて正直とする感想も多に聞かれるのである。明治に入ってからのことではあるが、エドワード・モースはつぎのような事実に触れて、感心というよりもむしろ驚嘆している。

東京のような大きな都会でも、店屋の主人が用事か何かで長時間店を開けたまま留守にしても、その間商品が何一つ盗まれないこと。また、野菜や果物の無人販売が何の事故もなく営まれていること。これらは、アメリカでは到底考えられないことだという。アメリカでは、たとえば泉水を汲《く》む柄杓《ひしやく》が鎖で結び付けられていたり、屋外の寒暖計がねじ釘《くぎ》で壁に固定されていたりする。そうしなければ忽《たちま》ち盗まれてしまうからである。

開国期に来日した欧米人の評判に見るかぎり、礼儀正しく親切で正直な日本人と、嘘つきで不誠実な政治家、役人、商売人とが、同じ日本人であるとは思えぬくらいである。前者を採れば性善説、後者を重視すれば性悪説に立ちたくもなろうというものである。しかし、そんなこととはかかわりなく、どんな社会にも善人もおれば悪人もいるというのが現実であり、同一人物が状況次第で善人にも悪人にもなりうることも忘れてはなるまい。われわれはよく新聞やテレビのニュースなどで、凶悪な殺人犯の隣人たちが、平素の犯人が礼儀正しく温厚でとても殺人などする人とは思えなかった、というような感想を語っているのを見聞きするではないか。不誠実な役人も、仕事を終えて家へ帰れば、誠実で親切な父であり夫であるかも知れないのである。容易に矛盾と見たり言ったりすべきではあるまい。

それにしても、欧米人の感じたところとして、親切で友好的な日本の民衆の態度も、一八六〇年（万延一）頃からじょじょに冷たいものへと変わりはじめたという。それは横浜や長崎といった開港場周辺で顕著であった。開港場に欧米人がふえるにつれ、彼らの中には日本人に対して侮辱を加え、無礼なふるまいをするものが稀《まれ》ではなくなったからである。ポンペはいう。

「ヨーロッパ人がはじめて日本にその足跡を印したところでは、はじめは丁寧な愛想のよい取扱いを受けた。がしかし、まもなく日本人はヨーロッパ人に来てもらうよりもむしろ帰ってほしいというようになった。そして数ヶ月後には、外国人というものすべてについて嫌悪の情をはっきり抱くに至った。その際、私はたいていの場合、日本人の言い分の方が正当であったことを認めねばならない」(訳文は沼田次郎・荒瀬進両氏)。

オイレンブルク一行の報告には、横浜での外国人の横暴ぶりがつぎのように記録されている。

「船からは毎日多くの船員が上陸して、個々にあるいは群れをなして、外国人居留地やその周辺を酔払って徘徊した。そして土地の人々に無礼をなし、あるいは殴り、さらには暴力をもって家や店に押し入り、狼藉三昧《ろうぜきざんまい》を働いたのである。横浜に住みついた商人ですら、そこに永続的な利害関係をもっていたにもかかわらず、やはり官吏に対してのみならず無辜《むこ》の住民に対しても、いろいろと無礼な力ずくの態度をとったという」(訳文は中井晶夫氏)。

日本人の士・農・工・商の身分観念でいけば、ヨーロッパ商人もひじょうに低い身分のはずである。その彼らが右のようなふるまいをしているのであるから、日本人が怒ったのは当然である。「外国人はその威風堂々たる艦船や機械や武器にもかかわらず、やはり野蛮人だとみなされていた」。「なぜなら、日本人は平静と調和を求め、さらには教養ある人間の本質的特徴として、友好的で円満な振舞と礼儀正しい形式とを求めるからである」。

ポンペにもオイレンブルクにも、ヨーロッパ人を無条件に擁護する身贔屓《みびいき》がなく、冷静公平に事態をとらえているのはさすがである。

3 日本人は勤勉でいて悠長

日本人が勤勉である半面、怠惰ともいいたいほど悠長で時間を浪費していることも、欧米人の理解に苦しむところだった。勤勉ぶりについてはすでにペリーの「公式報告書」に、日本は人口稠密《ちゅうみつ》なので誰もが勤勉であり忙しく働く必要があり、女性が農業労働に精出している姿もしばしば見かけた、という叙述がある。日本人はたいそう勤勉とはいわないまでも、怠け者と呼ばれることはないし、怠けることは許されていない、たいへん早起きでふつう四時に起きる、とはイギリスの箱館領事ホジソンの観察である。とくに農民については、美しいまでに手入れの行きとどいた耕地の景観とともに、その勤勉ぶりを讃《たた》えぬ欧米人はいないほどである。

ところが、そうした日本人の勤勉ぶりを讃える一方で、欧米人は日本人の怠惰ともいうべき悠長さに呆《あき》れてもいるのである。ゴンチャロフは、プチャーチン艦隊が長崎に入港して早々、まだ正式の日露会談が始まる以前に、予備折衝のために旗艦パルラダ号を訪れてきた応接掛《がかり》の役人連中を、まるでだらけきった様子をしていると酷評し、それを彼らが安逸な生活に慣れてしまったからだとみている。通詞《つうじ》の一人、西吉《にしきち》兵衛《べえ》のごときは、あるとき、何もしないで横になっているのが好きだ、と言ったというのである。

ペリーやプチャーチンにかぎらず、開国・通商を求めて日本にやってきた欧米人は、皆が皆、日本側の役人の悠長な仕事ぶりに業を煮やしている。これには日本側のいわゆる「ぶらかし戦術」（引き伸ばし作戦）もあったのであろうが、そうでなくても、役人の悠長な仕事ぶりは当時すでに日本の伝統となっていたのである。役人の生態を揶《や》揄《ゆ》した「役人は休まず遅れず働かず」という言葉をわれわれはよく耳にする。まさか今どきの役人はそのようなこともあるまいが、開国期をずっとさかのぼった一六九〇年（元禄三）から九二年（元禄五）にかけて日本に滞在したオランダ商館の医師ケンペルが、その頃すでに、江戸には神官や僧侶《そうりょ》と並んで安逸をむさぼる役人が非常に多いと指摘している。

欧米人の目から見て、悠長なのはなにも役人にかぎったことではなく、日本人一般が時間の浪費に無頓着《むとんちゃく》なのであった。オールコックは、日本では時間というものが高価なものとは評価されておらず、旅行であろうと、商取引きであろうと、その他どんな仕事の処理であろうと、ヨーロッパ人には耐えがたいほどのろのろしている、とうんざりしている。リュードルフは、日本人の仕事運びの緩慢なことを「かたつむり式」と形容し、そののろのろぶりを理解困難という。

リンダウの評言はもっと厳しく、日本人をただ仕事が緩慢というのではなく、不精者で怠け者ときめつけている。

「日本人は大変なお茶好きで、煙草好きで、お喋りである。絶えずお湯が必要であり、火鉢は昼も夜も炭火が入れられていなければならない。(中略)働かねばならない、そして時間を大切にしている人々は、ものついでにしか、茶を飲んだり煙草をふかしたりする楽しみを持つことが出来ない。だが何もすることのない、何もしていない人々――その数は日本ではかなり多いのだが――そんな人達は、火鉢の周りにうずくまって、お茶を飲み、小さなキセルを吸い、(中略)話をしたり、聞いたりしながら、長い時間を過ごすのである。(中略)仕事に対する愛情は、日本人にあっては誰にでもみられる美徳ではない。彼らのうちの多くは、まだ東洋に住んだことのないヨーロッパ人には考えもつかないほどに無精者である」(訳文は森本英夫氏)。

ここに描かれている日本人の姿は、さきにあげた日本人を勤勉とする感想と思いくらべて不思議である。しかし、リンダウは、江戸の町人社会ばかりを見ていたわけではなく、南は長崎から北は箱館まで、かなり広くあちこちを歩いている。そのうえでの感想となれば、彼がことさらに歪曲《わいきょく》しているのではないかぎり、当時の日本人には、欧米人に怠けものと見られてもやむをえない面があったことは事実であろう。

こうした日本人評は、明治に入ってからも続く。その幾つかを紹介してみよう。

福井藩の「お雇い教師」として一八七一年（明治四）に江戸から福井への赴任の途次、伏見で出迎えの福井藩士五名と落ちあい、以後彼らと旅を共にする経験をもったグリフィスは、その経験をつぎのように記述している。

「目的地に着くずっと前から、日本人のやり方はアメリカと違うということ、また日本の生活はニューヨークの秒刻みの生活とは大いに違うだろうということに気がついた。（中略）日本ではなるほど集団が腹の立つほどゆっくり動く。十人の武士の旅というと、やたらと眠り、煙草はふかす、茶は飲む、ぶらぶら時を過ごすのが関の山である。役人はもう少し茶をくれ、もう一服煙草をすわせろ、あぐらをかいてもう一休みさせろと叫ぶ。最初それは見るに耐えない、気が狂っているように思えてこわかった。しかし日本では時は金ではなく、二束三文の値打ちもないことがわかった」（訳文は山下英一氏）。

グリフィスはまた、彼が一日と少々でやりとげた仕事を、同じやり方で日本人は三日半かかった、とも述べている。廃藩置県が公布されたのは、グリフィスの福井着任の約四ヶ月後のことである。

一八七七年（明治十）に来日し、請われて東京大学の初代動物学教授に就任したエドワード・S・モースは、実験室の整備が遅々として進まないことにいら立ち、日本人は何をやるにしてもゆっくりしているので、外国人は辛抱しきれなくなる、とか、自分の助手たちは何でも喜んでやるが時間の価値をまるで知らない、と嘆いている。

一八九七年（明治三十）から翌年にかけて約八ヶ月間日本に滞在した、フランスの文人アンドレ・ベルソールは、この間、南は長崎、鹿児島から北は北海道まで広く各地を旅行している。彼は大牟田《おおむた》に立寄って炭坑を見学したときの印象をその著書『日本の昼と夜』（一九〇〇年刊）の中に、「ここの炭坑労働者たちは、工場の労働者たちと同じように怠惰で無頓着である。日本の労働者は、ほとんどいたるところで、動作がのろくだらだらしている」（訳文は大久保昭男氏）と記している。一八九七年といえば、日清《にっしん》戦争後のいわゆる三国干渉を機とする「臥薪嘗胆《がしんしょうたん》」の時代のさなかであり、富国強兵、殖産興業政策が推進されていたはずである。それにしても右のようであったとは、いささか驚きである。「働き蜂」とか「仕事中毒」と言われているこんにちの日本人からは、まるで信じられない百年前の祖先の姿である。

4　礼譲でいて無作法

最近の日本人、とくに若者が礼節を失って無作法になったたとは年寄りの嘆きである。開国期に来日した欧米人たちは、口を揃えて日本人の礼儀正しさを賞賛している。すでに一六九〇年代の初め頃（元禄時代初期）にケンペルが、世界中に礼儀の点で日本人に勝る国民はいない、身分の低い百姓から大名にいたるまでたいへんに礼儀正しい、と述べているし、ペリーも同様にその日誌の中で、外国人に対してもお互い同士でも、礼儀正しく鄭重《ていちょう》な点では日本人に勝る国民は世界中どこにもいない、と感じている。スエンソンはそれを、日本人が子供のときから礼儀を厳しく躾《しつ》けられるためと見ている。

その礼儀正しい日本人が、男女とも裸を人目にさらして恥じず、外国人が通るとなれば、風呂《ふろ》屋から男も女も裸のまま飛び出してきて見物するという無礼・無作法さはいったいどうしたことか、外国人には理解できない日本人の行動の矛盾であった。

日本の泥酔癖もそれである。オールコックが花見どきの日本人の楽しげで牧歌的な情景と対照的な、泥酔した日本人の醜態をつぎのように描写している。

「男たちは、野外の花のさわやかさを吸入するだけではあきたらずに、酒を鯨飲する。この習慣は、男性だけにかぎられておればまだしもであるが、実際には男ばかりにかぎられてはいない。帰りの道はこれらの酔っ払いのためにけんのんである。とくに危険な目に合うのは犬と外国人だ。まっ赤な顔をした二、三人づれの酔っ払いに出くわしたり、下層階級の連中が酩酊のあまりに一歩も歩けなくなって、道路の上に大の字になって寝ているのを見かけたりすることがある」(訳文は山口光朔氏)。

平素の礼儀正しさの反動であろう。ということは、日本人の礼儀正しさには、そうあらねばならぬという社会的強制からくる心理的抑圧がともなっているわけである。

一八六四年（元治一）の英・米・蘭・仏四国連合艦隊による下関砲撃に参加した、フランス艦ラ・セミラミス号の主計補佐官アルフレッド・ルサンは、三年近くの日本滞在中の体験をもとに、一八六六年に『日本沿岸の戦い』をあらわした。この著書の中で彼は、日本人が常に極端な礼儀作法に従っているのを見て、いみじくも、日本人はおそらく地上で最も形式主義的な民族であろうと述べている。

宴会で泥酔する男(A. Humbert, 1870)

こうした形式主義を排し、平素の心理的抑圧から解放される手段として、日本には無礼講という宴会のもちかたがある。フィッセルがその模様を巧みに述べている。無礼講の席では、狐拳《きつねけん》のような勝負を競って負けたほうが一杯、また一杯と酒を飲まされるゲームが好まれ、あげくの果ては、つき合いがよすぎるあまり、意識朦朧《もうろう》となって家まで運ばれるものまで出る始末だったという。現代のサラリーマンの飲み会や、学生のコンパによく見られる光景と変わりがない。

何人かのヨーロッパ人が言及している日本人の冗談好きも、やかましい礼節の掟《おきて》からの息抜きとみることができよう。礼儀正しさと一見矛盾しているようで、じつは礼儀正しさの維持に貢献しているのである。スエンソンはいう。

「ユーモアがあってふざけ好きなのは、(日本人の) すべての社会階層に共通する特徴である。上流の人間は無理にかぶった真面目くさい仮面の下にそれを隠しているが、威厳を保つ必要なしと判断するや否や、たちまち仮面を外してしまう。その点下層の連中は自分の性格に枷《かせ》をはめるような真似はしない。煙管をふかしながら湯沸しののった長火鉢のまわりに集まると、口々から冗談が飛び交い、悪意のないからかいが始まる。こうして皮肉を浴びせあっても、誰もむかっ腹をたてるようなことはない」(訳文は長島要一氏)。

右のスエンソンの文中に、上流の人びとに触れた箇所があるが、たしかに、冗談好きは上流の人びとも例外でなかったようである。オリファントは、一八五八年（安政五）、日英修好通商条約締結のために来日したイギリス人使節団代表エルギン卿《きょう》に応接した、日本側全権団の一人、外国奉行岩瀬肥後守忠震《いわせひごのかみただなり》が、常に正鵠《せいこく》を射た鋭い議論を展開し、そして謙遜《けんそん》な人柄であるにもかかわらず、洒落《しゃれ》の名人でいつも人びとの笑いをさそっていたと記している。

なお、岩瀬肥後守は、福地《ふくち》源一郎《げんいちろう》（桜痴《おうち》）によって幕末の三傑の一人にあげられた開明派の外務官僚である。

5　清潔好きの清潔知らず

日本人を並はずれた清潔《きれい》好きの国民と見ることは、ほとんどすべての欧米人に共通した印象である。そうした印象を、日本人の頻繁な入浴習慣から受けたことについては、すでに第二章で詳しく紹介した。また、日本人の家の清潔さに欧米人が感心していることについても、第七章に述べた。

清潔さの点では、さしも文明を誇る欧米人も、日本人には一歩を譲らざるをえず、そのことを率直に認めている例も多い。たとえばオールコックは、清潔ということに関しては、日本人は他の東洋人、とくに中国人に勝っていると述べるばかりでなく、ヨーロッパ人が洟《はな》をかんだハンカチを終日持ち歩く不潔さを、日本人が鼻紙を一回の使用で捨て去ることと対比している。それだけではない。彼は日本人に路上に痰《たん》や唾《つば》を吐く悪習のないことにも感心し、さらに、彼が江戸から富士登山に向かう途中で泊まった本陣（どこの本陣かは明記がない）の浴室が、イギリスではめったに見られぬ清潔で模範的なものであったと褒めたたえている。プライドの高いオールコックにしては珍しいことである。

本陣にかぎらず、一般の民家でも自家風呂をもつばあいには、それがきわめて清潔なことを指摘しているのはフィッセルである。彼はこの家庭風呂と並べて、台所と便所の清潔さにも注目し、その清潔さに比較しうるものはないと言ってもよいほどだと絶賛している。日本人が常に手拭《てぬぐい》を携帯し、ちょっと汚れたばあいでもすぐ手を洗う習慣があることにも彼は感心している。庶民の衣服が清潔で小ざっぱりしていることについても、多くの指摘がある。

このように清潔好きであるにもかかわらず、日本人に疥癬《かいせん》のような皮膚病が多いことは、ひとつの矛盾に他ならない。ポンペ、オールコック、アーネスト・サトウなどが、湯屋にせよ旅籠《はたご》の湯にせよ、あまり湯替えをしないので、入浴がかえって身体を汚してしまうことになりかねない、と見ていたことを第二章で述べた。オールコックは、疥癬の多いことの原因を、湯屋での感染に求めている。パンペリーも同様の見解である。ポンペは医師であるにもかかわらず、日本人が熱湯《あつゆ》の入浴を好むことは皮膚病の抵抗力を弱めると述べるだけで、疥癬の原因について述べるところはない。

面白いのはシュリーマンの意見である。彼は、日本人を疑いもなく世界で最も清潔な国民であるとしながら、その一方で、日本には他のどの国よりも皮膚病が多いという。そしてその原因を、いろいろ考えたあげくに、おそらく生魚と米を栄養源とするところに唯一の原因があるように思われる、としているのである。同じ箇所で彼は公衆浴場での入浴習慣についても触れているのであるから、彼には感染の観念が無かったとしかいいようがない。

皮膚病と並んで、日本に眼病患者がすこぶる多かったことについての指摘も多い。シーボルトは、江戸参府の途中泊まるたびごとに、請われて多くの病人の診察にあたっている。たとえば小倉に宿泊したときもそうであった。訪ねてくる患者はたいてい慢性の皮膚病か眼病であったという。ポンペも、世界中で日本ほど眼病患者の多いところはないという。

さて、その眼病の内訳であるが、ポンペは流行性でない結膜疾患と白内障であると見立てたうえで、強い酒を飲みすぎること、熱い湯に入って頭を濡《ぬ》らさず、はなはだしいうっ血を起こすこと、運動不足による腹部充血、性的放蕩《ほうとう》、寄生虫病、これらを原因としてあげている。

これに対して、ペリー提督の通訳官ウィリアムズは、眼病の多くは婦人が眉《まゆ》を剃《そ》り落とすことに起因するのではないか、というユニークな推理をしている。

これは明治以降のことになるが、一八七八年（明治十一）に東北・北海道旅行を試みたイギリス人の旅行家イザベラ・バード女史は、久保田（現・秋田市）で見学した病院の日本人医師が、広く蔓延《まんえん》している眼病の原因として、一軒に住む人員が多すぎること、家の中の換気が悪いこと、貧乏な暮らしであること、家の採光が悪いこと、をあげていたと記憶している。もちろん私は素人であるが、ウィリアムズの推理はもとより、医師ポンペの説明よりも、バードの紹介している秋田の病院の日本人医師の説明のほうが、より真実に迫っているのではないかという気がする。

しかし、誰も原因としてあげていないが、私はトラコーマや細菌性の結膜炎の蔓延には、公衆浴場での感染もあずかっていたに違いないと考えている。もし、そうだとするならば、清潔のための入浴がかえって眼病や皮膚病を媒介したわけで、なんとも皮肉なことといわねばならない。

これも明治以後のことであるが、モースがあるとき浅草を訪れ、ここで高さ九十センチメートルほどの木像を見る。それは手足の指がほとんど無くなり、容貌《ようぼう》も僅《わず》かにそれと知られるばかりに摩滅してしまっていた。いうまでもなく、これは、病気もちの人が、自分の体の悪い部分を撫《な》でては仏像の同じ箇所を撫で、それを繰り返すことによって痛みがやわらいだり病気が治ったりする、という迷信によるものである。モースは、その木像の各部の減り具合を見ることで、日本でどんな病気が流行《はや》っているかを知ることができると述べている。そして、彼は特に眼病について、これによってかえって感染性の眼病が拡がることに懸念を抱いている。

眼病の多かった日本には、「眼病み地蔵」と俗称する、眼病に特効ありとする地蔵様の像が各地の寺によく見られたものである。これがかえって感染源であったとは、銭湯のばあいと同様になんとも皮肉なことであり、お地蔵様もとんだ罪つくりをしたものである。

日本人の清潔好きは道路にも及んでいる。これも多くの欧米人が注目しているところである。いまでも、朝など家の前の道路を掃いたり打水したりする姿をよく見かけるが、ペリーの「公式報告書」には、箱館の町の印象として、「箱館はあらゆる日本町と同じように著しく清潔で、街路は排水に適するようにつくられ、絶えず水を撒いたり掃いたりして何時でもさっぱりと健康によい状態に保たれてある」（訳文は土屋喬雄・玉城肇両氏）という記述がみられる。文中、「あらゆる日本町と同じように」とあるとおり、ペリーから十三年後の一八六七年（慶応三）夏に陸路北陸地方を旅したアーネスト・サトウも、福井の町について、街路が清掃されており、道を清め、埃《ほこり》の立たぬようにするための用意として、家々の前に箒《ほうき》と水桶《みずおけ》が具《そな》えてあったという。

当時は馬車、牛車の時代であり、犬・猫も放ち飼いであるから、路上には当然それらの家畜の排泄物《はいせつぶつ》が散乱することになる。いまのパリはどうなのか知らないが、近年までのパリの街は、牛・馬こそいないからよいものの、ペットの犬の糞《ふん》が散乱して、油断して歩けたものではなかった。ペットブームの近年の日本でも、一時期そうした状況が現出したものであったが、幸い現在は飼い主のマナーが向上して、路上で犬の糞を踏みつける心配はよほど軽減された。江戸時代には、そうした家畜の糞は肥料として、また、摩滅したり鼻緒が切れるなどして路上に履き捨てられた下駄《げた》・草履・草《わら》鞋《じ》や紙屑《かみくず》などは焚《た》き物として拾い集められたので、道路の清潔が保たれたのであった。

ケンペルがすでに、そうした光景を観察している。

ケンペルはそのいっぽうで、たくわんと並んで肥溜《こえだ》めの悪臭に悩まされ、道路の清潔さが眼を楽しませてくれるのに鼻のほうは不快を感ぜずにいられない、と訴えている。村でも町でも、家並みを一歩外れると路傍に肥溜めが埋め込まれており、これが悪臭の根源であった。下肥《しもごえ》の悪臭には欧米人のすべてが辟易《へきえき》して、愚痴をこぼすことしきりである。シーボルトは江戸参府の帰途に経験したこととして、六月から八月頃は田畑に下肥を散布する時期に当たるので、すべての地方が悪臭に満ち、これがすばらしい風光を楽しむのにたいへんな妨げとなっている、と嘆いている。

清潔好きの日本人にこのような側面があることは、欧米人には意外というか、やはり一つの矛盾と感じられて当然であった。ペリー提督のスタッフの一人ハイネは、日本人が極端に綺麗《きれい》好きなのに、これと対照的に嗅覚《きゅうかく》をひどく損なう習慣があると述べ、オールコックも、江戸の街路が、アジア各地やヨーロッパの諸都市と対照的に、よく手入れされてきわめて清潔であるのに、肥桶を積んだ馬が町から田舎へと列をなして通るのは、嗅覚や視覚にとっての最悪にして唯一の敵である、と日本人の習慣の矛盾を衝《つ》いている。

私はこの章に「矛盾だらけの日本人」という標題をかかげ、欧米人の目に矛盾と映った日本文化のあれこれを検討してきた。たしかに文化というものは、これを構成する諸部分が矛盾なく整合した統合体であるとはかぎらない。むしろ、互いに矛盾する諸部分を抱えこんでいるのが文化の実態といったほうがよかろう。ところが、その中に生まれ育った人間は、そうした矛盾にたいていは気づくこともなく、あたりまえとして看過してしまっている。その点、異文化を外から見る外国人のほうが、客観的に見ることができるだけに、矛盾の発見に敏感である。もちろん、理解を誤っているばあいもあろうが、彼らの指摘によって初めて気づかされることも多い。彼らによる日本文化の矛盾の指摘は、私にはたいへん面白かった。しかし矛盾をかかえているのは日本文化だけではない。どの文化も同じようなものである。たとえば、美的センスの豊かさ、鋭さを誇るフランス人が、トイレに行ってもろくに手を洗わず、湯にもあまり入らず、路上に犬猫の排泄物を散乱させて怪しまないのである。果たしてフランス人は、この矛盾に気づいているのだろうか。

第九章　印象あれこれ

1　音楽を知らない日本人

一八六三年（文久三）春からほぼ一年間日本に滞在したスイス人アンベールは、その著書の中に、日本女性のあいだで三味線と琴は人気のある楽器で、若い娘の嫁入り道具にはたいていこの二つ、もしくは一つが加えられていると記している。別の箇所で彼はまた、三味線を習うことは日本の女子教育の必須《ひっす》科目であると聞かされたとも述べている。

私の記憶するかぎり、こうした風潮は東京でも少なくとも戦前までは続いていた。そのばあい、琴にくらべて三味線は粋《いき》であり、とくに下町で人気があった。琴がどちらかというとお嬢さんのお稽古《けいこ》ごとであるのに対して、下町娘は三味線を習ったものである。私は東京の下町育ちなので、母や姉をはじめ、近所のおばさんや娘さんたちが、よく三味線をひいているのを耳にしたものである。ピアノやバイオリンが取って替わったのは、昭和十年代の、それもお金持ちのあいだでだったように思う。それが戦後は、お金持ちにかぎらず一般家庭にも普及し、反対に、琴と三味線はお稽古ごととしてすっかり影が薄くなってしまった。

ところが、その三味線が欧米人のあいだではすこぶる評判が悪いのである。オリファントは三味線の音を調子はずれと言い、バード女史も三味線に「迷惑な楽器」というレッテルを貼っている。オールコックにいたっては、三味線の出す音はとても我慢できたものではなく、これにくらべれば髄《ずい》の入った骨を肉切り包丁で叩《たた》いている音のほうがましなくらいだ、とまで酷評している。

オールコックは三味線にかぎらず邦楽一般を理解できず、理解しようともせず、日本人はハーモニーやメロディというものを知らない点では最たる人種だときめつけ、そもそも日本人は音楽を知らないのだと一刀両断である。その点、「日本の旋律はヨーロッパ人の耳には何か摑まえどころのない奇妙なところがあり、その基礎となっている音楽体系はまだ知られていない」（訳文は高橋邦太郎氏）とするアンベールの意見はずっと公平である。オールコックのように、邦楽を音楽とは認めないというのは、西洋音楽だけが音楽であるとする偏見以外の何ものでもない。もしわれわれが、フラ

三味線、琵琶、琴を伴奏に歌う女性(A. Humbert, 1870)

ンス料理だけが西洋料理であり、不味《まず》いイギリス料理など料理のうちに入らないと言ったとしたら、オールコックは何と答えるのであろうか。「西洋の音曲とは全く異なった一連の音程からなる日本の音楽にヨーロッパ人の耳をなれさせるには、よほどの長い年期を必要とするだろう」（訳文は坂田精一氏）とは、オールコックを扶《たす》けたアーネスト・サトウの感想であるが、いみじくも彼が漏らしたように、問題は慣れである。味覚・聴覚をはじめ五感にかかわる事柄の好き嫌い、あるいは受容と拒否を決めるうえで、すべてとはいわないまでも、慣れの果たす役割はすこぶる大きい。万延元年遣米使節団の副使村垣淡路守は、ホノルルでアメリカ人の家庭に招待されたおり、その家の少女の独唱を聞かされた感想を、夜更けに犬の遠吠《とおぼ》えを聞くようで、笑いをこらえるのに苦労したと記している。村垣はアメリカ人の歌唱に慣れるもなにも、これが初めての経験だったのである。私は西洋音楽をけっして嫌いではないが、それでもオペラ歌手の唄《うた》だけは背筋が寒くなって願い下げである。好きでないから聴かない。聴かないからいつになっても慣れない、慣れないから好きになれない、といった悪循環なのである。

踊りについてはどうであろうか。

シーボルトは一八二六年（文政九）オランダ商館長に随行して江戸に参府したおり、一夜、江戸の宿舎にお忍びの中津《なかつ》侯を迎える。オランダ人たちは、オランダの音楽や唄、ダンスなどで侯をもてなし、愉快に時を過ごしたのであった。そのとき中津侯がダンスと日本の踊りを比較して、オランダ人は足で踊るが日本人は手で踊る、と評したという。まさにそのとおりで、中津侯は邦舞、洋舞の特徴を的確にとらえたものと感心させられる。スエンソンも中津侯と同様の感想を語っているが、ただし彼は日本の踊りで足の動きが二の次である理由を、日本の着物の裾《すそ》が長くて幅の狭いことに求めている。たしかに、彼のいうとおり、邦舞の動きには着物の構造上の制約も働いていたかも知れない。

2　日本人は天性の芸術家

つぎに、工芸あるいは造形芸術に移ろう。よく知られているように、日本の浮世絵は西洋近代絵画とくに印象派に大きな影響を与えた。この一事からも察せられるように、歌舞音曲のばあいとは反対に、こんどは日本人の技量と作品を礼賛するものが圧倒的に多いのである。

個々の問題に入る前に、日本人の美意識についての欧米人の評価からみていくことにしよう。明治のごく初期に日本を旅したオーストリア人ヒューブナーは、ヨーロッパでは美的感覚は教育によって育《はぐく》み形成することが必要であるのに、日本人の美的感覚は生まれつきのものであるという。たとえば、ヨーロッパの農民の話題といえば、収穫にかかわることがらばかりで、土地の絵画的魅力については話題にもならない。ところが日本の農民は、周囲の風景を楽しむばかりか、できれば自分の家の傍《かたわ》らに気に入った樹を植えたり、細流を導いたりといった工夫をする。日本ではヨーロッパのいかなる国よりも、芸術の享受・趣味が下層階級にまで行きわたっており、ヨーロッパ人にとって芸術が裕福な人びとの特権にすぎないのに対して、日本では芸術は万人の所有物である。日本の農民は、芸術家の眼で自分の植えた木や花を眺め、細流の水音に耳を傾けるのだ、というのである。

ヒューブナーは、日本人の美的感覚が、その自然愛好の性向と分かち難く結びついているといいたいわけである。日本人の自然愛好については、これを日本人の特徴の一つとして多くの欧米人が着目しているが、節を改めてとりあげることにする。

一般に日本人が淡々とした間色を好み、色彩の調和に対して優れた眼をもち、強烈な対照や派手な俗美的色彩をあまり好まない、とハリスが日本人の色彩感覚について述べている。たしかに伝統的色彩感覚はそのとおりで、「日光を見ずして結構と言うなかれ」と語呂《ごろ》合わせで言われる日光東照宮《とうしょうぐう》のきらびやかさなどは、外国人の眼を喜ばせるにしても、日本人の伝統的感覚からすれば、「成り金趣味」以外の何ものでもない。住居の白木造りを好むのも同じであり、こうした色彩感覚は、やはり日本人の自然愛好に由来しているのであろう。

東照宮の華麗さを見ては、日本人も驚嘆はするけれども、まず憧《あこが》れることはあるまい。アンベールはいみじくも、日本人の奢侈《しゃし》というものは豪華というよりはむしろ芸術的なのであると看破し、古磁器とか黒くてどっしりした青銅器、あるいは古い漆塗りの家具類ほど、日本人の目に価値あるものと映るものはないと述べている。

日本人に宝石趣味が無く、宝石で身を飾ることが無いのもそのためである、とアンベールは見る。しかし日本にも錺《かざ》り職がおり、その技巧には目を見張らせるものがあったことはよく知られているとおりである。錺り職にかぎらず、日本の手工芸職人の技量のすばらしさ、工芸の優秀さについては、ほとんどすべての欧米人が絶賛している。たとえば、フィッセルは「一般的に見てヨーロッパで製作されたいかなる品物も、日本の職人が仕上げた物と同じように検査に合格することはできないだろう」（訳文は庄司三男氏）と言い、かのプライド高いオールコックにしてつぎのような表現をしている。


「すべての職人的技術においては、日本人は問題なしにひじょうな優秀さに達している。磁器・青銅製品・絹織り物・漆器・冶金一般や意匠と仕上げの点で精巧な技術をみせている製品にかけては、ヨーロッパの最高の製品に匹敵するのみならず、それぞれの分野においてわれわれが模倣したり、肩を並べることができないような品物を製造することができる、となんのためらいもなしにいえる」（訳文は山口光朔氏）。

オールコックが日本の優秀な工芸の一例としてあげている漆工芸については、ジャパンという国名が普通名詞化して「漆」を意味するようになったことでも明らかなように、日本の代表的な伝統工芸であり、リュードルフが、塗装（漆塗り）にかけては日本人に勝る国民はいないと述べているのをはじめ、これを礼賛する欧米人は枚挙にいとまがない。

印籠《いんろう》や根付けなどの小物細工や象牙《ぞうげ》細工に示される技巧もまた、賞賛のまとである。オイレンブルクの紀行には、小物細工における日本人の趣味と巧妙さは比類がないという感想に並べて、モティーフの描写は真に迫って個性的、魅力的であり、日本の芸術は些細《ささい》な外見的な写実のために、性格描写や理解力を犠牲にするようなことがけっしてない、という記述までみられる。それに対してヨーロッパの近代美術は、しばしばあまりに写実的なためにかえってそれが認識できなくなっているというのである。

技術の巧妙さと芸術の差は微妙である。オイレンブルクの紀行は、右のように小物細工にたんなる技巧以上の芸術を見ている。同様に、アンベールは江戸の職人は真の

鍛冶屋(A. Humbert, 1870)

芸術家であると言い、ヒューブナーも日本では芸術家は職人にきわめてよく似ており、職人はある程度まで本質的に芸術家であると述べている。

オールコックが日本人の職人的技術の優秀さを称揚していることをさきに述べたが、彼は絵画については、日本人は遠近法を知らないと指摘して空間の効果を無視した風景画を貶《けな》す一方、人物画や動物画は「まったく活き活きとしており、写実的であって、かくもあざやかに示されているたしかなタッチや軽快な筆の動きは、われわれの最大の画家でさえうらやむほどだ」（訳文は山口光朔氏）ときわめて高く評価している。彼はとくに動物画に深く感動し、日本の絵師はただ形だけを研究したのではなく、それぞれの動物の習性と性格も研究してそれも非常に詳しく観察しているので、主題を十分に自分のものとし、ほんの二、三本の線と筆の一刷きで自然を誤りなく写している、と感嘆しているのである。

オールコックは数多くの肉筆画や木版画、絵本の類《たぐい》に目をとおしていたようで、これは彼の著書『大君の都』の叙述から察せられる。同書には彼の批評つきで、そうした画の多くが挿入されている。風俗画についても、日本の絵師は形と絵画的配置に目があり、光と陰の効果をわきまえているだけでなく、かなりのユーモアもわきまえており、滑稽《こっけい》なものに対する鋭い感覚を示していると高い評価を下している。

オイレンブルクの紀行にも、オールコックに劣らぬ日本の絵画の高い評価がみられる。常軌を逸した大胆さにおいて、ヨーロッパの絵画各派がかつてなしたすべてのものより優れているものもあると言い、どこでも買える二束三文の平凡な画でも日本美術の高い水準を示している、とまで述べている。

3　日本人は自然愛好家

日本人の美的感覚がその自然愛好の性向と分かち難く結びついていることについて、前節で少しばかり触れた。ここでは欧米人が日本人の自然愛好とその一環である植物好きや園芸趣味をどのように見ていたかを検討してみることにしよう。

日本人の自然愛好について筆を費やしている欧米人は多いが、おそらくモースのつぎの叙述がもっとも簡潔に要点をとらえているといってよいであろう。

「この地球の表面に棲息する文明人で、日本人ほど自然のあらゆる形況を愛する国民はいない。嵐・凪・霧・雨・雪・花、季節による色彩のうつり変り、穏やかな河、とどろく滝、飛ぶ鳥、跳ねる魚、そそり立つ峰、深い渓谷——自然のすべての形相は、単に嘆美されるのみでなく、数知れぬ写生図や掛け物に描かれるのである」（訳文は石川欣一氏）。

彼はまた、日本人の自然に対する愛情の強さを示すものとして、たとえば東京市の案内書が数頁を費やして、公園や郊外で自然が最も見事な有様を呈している場所を列挙していることに言及している。

スエンソンによれば、日本人は「狂信的な自然崇拝者」(訳文は長島要一氏)で、ごく普通の労働者でさえ、お茶を喫しながら美しい景色を堪能《たんのう》する。そのため、茶店は客の目を楽しませるのに最適な場所を選んで立地しているという。この伝統は今もよく守られていると思う。モースやスエンソンのいうところは、われわれにとってはごくあたりまえのことであるが、欧米人にとっては特筆に価する日本人の特性だったものとみえる。

ところが周知のように、日本人のこの特性も近年はだいぶ怪しくなってきた。とくに政治家、官僚、ゼネコン経営陣のあいだには、日本の自然破壊にすこぶる熱心な人が少なくないようで、そうした人たちは経済至上主義や目先の利権に目がくらんで、かつて日本人ばかりか来日外国人にさえ賛美された日本の自然を、惜しげもなく破壊してやまないのである。かつて、田中角栄《たなかかくえい》元首相が「日本列島改造論」というものをぶちあげたが、彼らは日本の国土そのものを、たとえば香港のようなコンクリートの固まりに改造しようとしているとしか思えないのである。

江戸近郊の茶屋と庭園(L. Oliphant, 1859)

日本人の自然愛好は、自然を少しでも身近に感じようとする欲求から、造園趣味や植物愛好にすすむ。日本人の造園趣味についてはつとにシーボルトが注目し、彼はその技法が中国の僧侶《そうりょ》によって伝えられたものであることや、借景についても触れている。寺院や大きな邸宅の庭園を鑑賞しての欧米人の感想は、異口同音に、日本人の造園術の優秀さをたたえる言葉である。オリファントは、造園術では日本人は世界のどの国民にも勝っていると言い、一八八二年（明治十五）に招待されて皇居の庭園を見学したモースは、日本人は造園芸術にかけては世界一とも称しうる、と賛嘆してやまない。手入れよく刈りこんだ低い生け垣をめぐらし、敷きつめた緑の芝生のそこかしこに噴水やバラその他の花壇を配した洋式庭園は、たしかに美しくはあるが、あまりに人工的すぎて心に訴えるものがない。欧米人から見ても、自然を生かした日本庭園の美がより好ましかったのであろう。

こうした日本庭園賛美にもまして愉快なのは、大庭園の造営にくらべて技術は遥《はる》かにお粗末で、規模にいたっては猫の額ほども無いにもかかわらず、庭園趣味が庶民のあいだにも広く行きわたっていることに、欧米人が驚きにも似た感情を抱いたことである。すでにペリー提督の一行が下田で、庶民の住居が背後に小庭を設け、そこに草花を植えたり、金魚用の池を掘ったりしていることに注目している。

軒を連ねた京都の町屋が、鰻《うなぎ》の寝床のような家の奥に、必ず小さな庭を設けていることはよく知られていることであるが、こうした奥庭造りは、ひとり京都にかぎらず、かつては日本全国どこの町でも見られたことで、日本人の自然愛好の住居様式として多くの欧米人が関心をよせている。カッテンディーケは、「日本人は、皆その家の奥に、小庭をもたねば気がすまないようにできている。場所が狭くて作れないときには、壁の掛け物または屏風に、岩や小池や、松および富士山などの画を、実に巧妙に描いて、庭園に似た気分を味わうのである」（訳文は水田信利氏）と述べている。

自然を描いた掛け軸や屏風《びょうぶ》を、庭の代用とみるカッテンディーケに対して、スエンソンは、庭をもてない人の代用品として、箱庭をあげている。風景画や箱庭を、庭をもてないことの埋め合わせとだけみることは、明らかに行き過ぎであるが、日本人の自然愛好の一端であることは間違いない。スエンソンも誰もとりあげていないが盆景（盆石）もそれである。盆景についての感想も聞きたかったところである。

日本人の植物愛好については、すでに早くケンペルが、標本作成のための植物採集にさいして、日本人が植物を愛好するのでずいぶん助けられたむねを述べている。植物愛好は、ただ自然の樹木や野生の草花を愛するだけにとどまらず、植木を育てたり花卉《かき》を栽培したり、さらには品種改良を試みるところにまですすむ。芸術としての生け花の発達もそれである。庭ももてない江戸の長屋住まいの庶民とて、植物を愛することでは人後に落ちず、戸口脇に植木鉢を並べて四季の花々を楽しんだ。そのため横丁の路地は、まるでちょっとした植物園の観を写したものであった。この伝統は今に引き継がれている。ガーデニングと称して、窓辺や玄関前を美しい洋花の鉢植えで飾る近年の流行は、花の種類を別にすればなにも欧米の真似ではなく、日本の長い伝統なのである。

江戸では染井《そめい》（現・豊島《としま》区北東部）が植木屋の多いところとして知られ、飛鳥山《あすかやま》や王子《おうじ》と並ぶ江戸市民の行楽地の一つで、欧米人もずいぶん散策を楽しんでいる。オイレンブルクの紀行によると、染井の大きな植木屋では、万延元年（一八六〇）の冬、濃い緑の葉をもつ菖蒲《しょうぶ》を、たった一種類だけで何千鉢と育てていたという。同書が引用するロバート・フォーチュンは、世界のどの国でも、染井ほど莫大《ばくだい》な数の観賞植物を栽培しているところはないという。オイレンブルクの紀行は、日本の花園のしつらえが一七、八世紀フランスのそれに似ていることをあげたうえで、おそらくこの趣味は日本からオランダ人の手によって、オランダとその隣接の国々へ伝えられたものであろうと推測している。しかし、残念ながら私にはこの推測の当否を判定できない。

比較的近年、欧米人のあいだに盆栽ブームが起こり、その見物や技術習得のために日本を訪れる欧米人が増えたことがあったが、日本人の植物愛好に注目した開国期来日欧米人は、必ずといってよいほど、盆栽にも言及している。そのさい、盆栽の人工性を、ヨーロッパ人の目には不恰好《ぶかっこう》に見えるとするリュードルフや、妙技ではあるが自然の法則を破っているから心から満足して賞賛することはできない、というアンベールのような意見もある一方、ホジソンのように、盆栽家の腕前をじつに完璧《かんぺき》なものと讃《たた》えるものもある。

近年めっきり減ってしまったが、一昔前までは歳暮や年始の挨拶《あいさつ》に、花を一杯につけた盆栽の梅を贈ることがあった。歳暮、年始にかぎらず、盆栽を贈ることがかつてはごく普通の交誼《こうぎ》のしるしであった。開国期の欧米人には、これを贈られたものが少なくない。たとえば、ハリスの通訳官ヒュースケンの一八五八年（安政五）の日記には、幕府から桜と八重椿の鉢植えを贈られたむねの記述が見られる。当時の日本にはブーケを贈るふうは無く、鉢植えを贈ったのである。花の品評会も各地で催されており、アーネスト・サトウは一八六七年（慶応三）に大坂に滞在中、たまたま牡丹《ぼたん》の品評会を見る機会をえた。彼はそれを、ヨーロッパ人にとって最も魅力的だったと称し、しばしば直径九インチもある紅《あか》や白色の花の美しさを他に比類がないと絶賛している。

牡丹にかぎらず、菊やつつじなどの品評会は、盆栽のそれと並んで、今も続く日本の伝統的な行事である。モースは、日本を訪れる外国人はまず最初に日本人が花を愛することの印象を受けると言い、そうした印象を生む要因として芸術的な生け花をあげ、生け花の師匠までいることにやや驚いているふうがみられる。欧米には盛り花はあっても、形式の確立した生け花の伝統やそれを伝授する師匠などが無いからである。

4 動物愛護は日本が本家

欧米人は、日本人の植物愛好ばかりでなく動物愛護にも注目している。

たとえば、開国期に江戸を訪れた欧米人が必ずといってよいほど見物した浅草寺の境内には、無数の鳩が棲《す》みついており、グリフィスに言わせると、鳩の巣が寺の外だけでなくなんと釈迦の祭壇の上にまであって、その鳴き声や羽ばたきが僧侶の読経の声と混じり合っていた。鳩の餌を売る女たちや、これを買って撒《ま》いてやる客のいることも珍しかったとみえ、グリフィスにかぎらずこれに触れているものも多い。

今の日本では、社寺の境内や公園ばかりでなく、鉄道の駅までが鳩の集合場所となり、鳩がプラットフォームをヨチヨチと歩く姿はあたりまえの風景になってしまった。ところが意外や、動物愛護の本家と思われている欧米人のあいだでは、もともと鳩と人間の交歓など無かったようである。モースは浅草寺を見物したとき目にした、鳩が餌をやる人の手や肩にとまる様子を、一九一七年刊の著書の中に書きとめている。そしてこれに注記して、今ではボストンの公園で同様の光景を見るようになったが、これはここ二十年来のことにすぎないと述べている。鳩と人の交歓に関しては、日本が「先進国」だったわけである。

犬を抱く少年(A. Humbert, 1870)

鳩にかぎらず、日本人が動物一般を愛護することについての欧米人の報告も多い。将軍綱吉《つなよし》の「生類憐《しょうるいあわ》れみの令」は一六八五年（貞享《じょうきょう》二）以降たびたび布告され、一七〇九年（宝永《ほうえい》六）に綱吉が没するにいたって廃された。四半世紀に及ぶこの禁令が尾を引いたことも考えられるが、もともと仏教の五戒の一つに不殺生戒《ふせつしょうかい》があり、これは人にかぎらず動物一般を殺すことを戒めたもので、輪廻転生《りんねてんしょう》の思想とからんで、綱吉以前から日本人の心に深く浸透していたものである。さらには、仏教伝来より遥か以前、日本人の本来の民俗信仰である自然崇拝あるいはアニミズムにまでさかのぼるのかも知れない。

元来狩猟民族であり肉食民族である西洋人と、農耕民族である日本人との違い、と見ることもできる。牛や豚は人間に食べられるために神様によって造られた動物である、というはなはだ手前勝手な屁理屈《へりくつ》はもとより、鴨猟とか、とくにイギリス人の愛好する狐狩りなど、遊び目的の無益な殺生は西洋人の長い伝統である。これは無益とはいわないが、近年になってにわかに動物愛護とか資源保護の観点から漁獲が厳しく規制されている鯨などは、十八世紀の終わり頃から十九世紀を通じて西洋人によってほとんど捕り尽くされたのであって、その主役はアメリカの捕鯨船であった。「われわれの捕鯨船隊は、太平洋をその帆で白一色に埋め尽くしている」と当時のアメリカ人は誇らかに語っている。それが今になって、捕鯨禁止の急先鋒《きゅうせんぽう》である。核兵器開発禁止のばあいと同じ手法である。悪いことは先にやったほうが勝ち、という「教訓」として私は受けとめている。

話を本筋にもどす。日本人の動物愛護のことである。ハリスはその日記に、一八五七年（安政四）の晩秋の一日、大師河原《だいしがわら》の平間寺《へいけんじ》まで散歩した帰り道でコウノトリの大群に出合ったことを記し、日本ではあらゆる種類の野生の動物が驚くほど人馴《ひとな》れしており、用心深い鴉《からす》まで例外でないが、これは日本の少年たちが西洋人のような動物狩りに耽《ふけ》ることがないためだろうと推測している。同様の感想を洩《も》らしている欧米人は、二、三にとどまらない。たとえばモースは、彼の少年時代路上で犬・猫を見かければ石をぶつけるのが少年たちの遊びであり、そのため、犬は人間が石を拾う動作をしただけで逃げ出すのが常であった。ところが日本人はそのような乱暴をしないので、たとえ石を投げてもあたらないかぎり、犬は逃げもしないし牙《きば》をむいて唸《うな》ることもない、と感心している。

動物を極端に哀れむ日本人の特性は、仏教の慈悲の教えと輪廻転生の思想から来ているとするグリフィスは、日本人が歳をとったり怪我をしたりして役に立たなくなった馬をけっして殺さないことと並べて、彼の車夫が寝ている犬や鶏を見ると、その眠りを妨げぬようわざわざ回り道をしてこれを避《よ》ける事実をあげている。犬・猫・鶏・鳩などをけっして追い払うことをせず、それを避けて行くか、跨《また》いで行くなりしなければならないことは、モースも指摘している。

「生類憐れみの令」の余燼《よじん》として、幕末・開国期になっても犬はとりわけ大切にされたものとみえ、リュードルフは、犬の数は異常なくらい多く、日本のまったくの頭痛の種となっていると言い、オリファントも、江戸の街にはびこる犬に辟易《へきえき》している。

犬といえば猫。動物愛護の最後に、猫についても触れておこう。リュードルフによれば、婦人たちの愛玩物《あいがんぶつ》である可愛らしい猫は、大事にされすぎて鼠を全然捕まえないので鼠が非常に多いという。日本猫は鼠をとるのがごく下手だとは、アンベールも述べている。そのくせ、と彼は続ける。日本猫はごく怠け者のくせに甘えることだけは達者である、と。猫が甘えん坊であるとは私の常識であったが、これでみると、ヨーロッパの猫はあまり人に甘えず、鼠とりが上手《うま》いのであろうか。さすが狩猟民族の飼い猫だけのことはある。

面白いのは、欧米人の誰もが日本猫（三毛猫）の尾が兎の尾のような切株か小さな房ぐらいしかない点に、目を見張っていることである。たしかに、尾の長い洋猫を見《み》馴《な》れた欧米人にとって、尾の無い日本猫は奇妙に見えたことであろう。グリフィスなどは、欧米の仔猫《こねこ》が自分の尾を追ってぐるぐる廻《まわ》りをして遊ぶのに、日本の仔猫にはそれができないと言って、日本猫に同情しきりである。最近の日本では、日本猫がめっきり減って、尾の長い外来種か、それとの混血が幅をきかせるようになってしまった。ただし、日本猫ももとは尾が長かったようで、短尾もしくは尾無しが愛好されて広まったのは江戸時代以降のことといわれている。

5　日本人は宗教に無関心

キリスト教徒の欧米人にとって異教徒である日本人に初めて触れて、その異教の内容に関心を抱いたのは、ひとり宣教師にかぎったことではなかった。なかには、偶像崇拝と迷信にとらわれた哀れな異教徒という一言で斬って捨ててしまうものもあるが、神道、仏教、儒教の三者をかなり詳しく分析し、説明しようと試みるものもある。ここでは、彼らのそうした分析や説明の当否を問題とするのではなく、日本人の宗教とのかかわりかたが欧米人の目にどのように映り、欧米人がどのような点に興味を抱いたかを見てみることにしたい。

まず、日本人は宗教に無関心であるとか、宗教が人びとの生活の中に根ざしていないと見るものが非常に多い。ハリスの日記には、「僧侶や神官、寺院、神社、像などの非常に多い国でありながら、日本ぐらい宗教上の問題に大いに無関心な国にいたことはない、と私は言わなければならない。この国の上層階級の者は、実際はみな無神論者であると私は信ずる」（訳文は坂田精一氏）という記述がみられる。当時すでに、日本人の宗教心は現在とあまり変わらなかったことが知られて興味深い。一八六一年（文久一）から翌年にかけて日本各地を旅したリンダウも、ハリスとまったく同じことを述べている。加えて彼は、日本人の宗教的無関心というか無節操の一つの証《あかし》として、日本人が神社であろうが仏教寺院であろうが、通りすがりに入った寺社のどこででも祈りを捧《ささ》げることを指摘している。

右の両人のほかにも、日本人の宗教的無関心に触れているものは数多いが、面白いのはカッテンディーケの感想で、彼は日本人は仏僧に思いきった喜捨をする代わりに、自分の魂のことはいっさい僧侶に任せきりである、というのである。彼はまた、カトリック天主堂の内陣のしつらえが、仏教寺院のそれと非常によく似ているから、将来日本人がキリスト教に改宗するばあいには、プロテスタントよりもカトリックに入信するであろう、と予測している。

ついでながら、仏教とカトリックとの形式上の類似は、オールコックも指摘しており、彼は両者のあいだで、どちらか一方が他方からその形式を借用したに違いないと考えている。

「祭壇・僧・剃髪の僧・僧院の生活・独身の誓い・人びとにはわからぬ死後で行なわれる儀式、その他数多くのこまやかな点——こういったすべてを考慮してみると、仏教寺院に入るごとに、必ずカトリックと仏教が一致していることを心の中で確信しないわけにはゆかないし、そして後期の仏教徒がローマ教会からこういうものを借用したか、それとも昔のローマ教会が仏教徒から借用したか、そのいずれかだと考えざるをえない。些細な点やもっと大きな特徴がこのくらい驚くほどよく似ているような二つの信仰体系や儀式が偶然生まれて、それぞれまったく独立していたというようなはずはありえないようだ」（訳文は山口光朔氏）。

引用がやや長くなったが、それというのもここに見られるオールコックの仏教とカトリックの相互借用関係の判断の方法が、二十世紀の初めにドイツ・オーストリアを中心に民族学界に盛行した、いわゆる文化史的民族学派の方法と同じなので、それを示したいと思ったからである。時間的にはオールコックのほうが半世紀以上も先行している。

日本人の宗教目的が現世利益にあるとはオールコックの見るところであり、彼は一般大衆の中には来世の存在を信じているものもあるが、知識階級は死後の世界を信じていないという。しかしオールコックは、こと人間の心にかかわる宗教問題の理解についてはきわめて慎重で、宗教的な作品や世俗的な作品のすべてを読むことができ、深遠な問題についても日本語でさまざまな階級の日本人と自由に話し合うことができるようになるまでは、日本人が国民としてどういう宗教的教義や信仰をもっているかについてこれ以上は言えない、と付言している。私の仲間の人類学者の中には、少しばかりの調査で異民族の宗教や世界観を喋々《ちょうちょう》と論ずるものがいるが、右のオールコックの慎重さを学んでほしいものである。

教義はともかく、仏教が、というよりも日本の仏僧が、売春、蓄妾《ちくしょう》、堕胎といった行為に目をつぶっていることを、アンベールが非難している。ポンペも、僧侶が娼家《しょうか》の法要などに出入りしながら、売春の悪徳を少しもたしなめようとしない不思議に首をかしげている。たしなめないどころか、仏僧自身が悪行を犯しているとする指摘も少なくないのである。たとえば、ペリーに随行したハイネは、下田で酒に酔った僧侶を見たことがあると言い、情報源は不明ながら、僧侶はどの地方とも同じに、暴飲暴食その他さまざまの悪徳行為を、いわば仏僧の特権であるかのように考え、男色にさえふけっていると眉《まゆ》をひそめている。

僧侶は幕府当局によって優遇されていたため、それをよいことに、悪行に走るものが珍しくなかったのである。すでに早くゴロウニンが、悪僧どもの乱行とそれを非難する日本人について、つぎのように報告している。ゴロウニンは一八一一年(文化八)から二年三ヶ月間を、日本側に捕われて箱館と松前で虜囚生活を送った。その間、付き添いの日本人から聞きだしたものである。

僧のお経に合わせる数珠念仏(A. Humbert, 1870)

「貞助（通訳村上貞助――石川注）や、その他我われに付き添っている者の多くが、自国の僧侶についてさんざん悪評を述べた。すなわち、大部分が不品行で、法律では肉食も魚食も、更に飲酒や妻帯も禁じているが、このような禁制を犯して放埒な生活をしているのみか、機会があれば人妻や娘を誘惑して身を持ち崩させたり、その他いろいろ淫らで粗暴な行いをしていると言うのである」（訳文は徳力真太郎氏）。

それかあらぬか、日本では僧侶が尊敬されないばかりか軽蔑《けいべつ》されている、という欧米人の報告がけっこう多い。たとえばオイレンブルクの紀行には、下層の人びとは僧侶に盲目的尊敬を抱いているが、教養ある日本人は、本当は仏教と僧侶とを軽蔑している、といった記述がみられるし、シーボルトの息子のアレクサンダーは、僧侶の支配力が村民に影響を及ぼさなかったことと並べて、葬儀に僧を呼ぶのは宗教上の信念からではなく、形式上のことにすぎないむねを述べている。

現在われわれは、「葬式仏教」とか、「坊主丸儲《まるもう》け」といった式の、仏教と仏僧とに対する悪罵《あくば》をよく耳にするが、すでに早く歴史家が明らかにしているように、日本の仏僧の堕落は今日や昨日に始まったことではないし、仏僧に対する民衆の軽蔑にしても同じである。欧米人はよくそうした実情をとらえたものである。

かりに仏教と仏僧が堕落し、日本人大衆の信仰が現世利益《りやく》の祈願といわゆる迷信とだけに凝り固まっていたとしても、寺社参りは衰えを知らない。現在明治神宮《めいじじんぐう》を筆頭とする初詣《はつもう》での驚異的な人出や、各地の門前町の繁昌《はんじょう》ぶりがよくこれを物語っている。日本人の大多数にとって、寺社詣では宗教心からというよりも行楽なのである。

じつはこうした風潮は江戸時代においても同じであり、当時も伊勢《いせ》参り、大山《おおやま》参り等々、お参りに名を借りた行楽旅行は盛んだったのである。加えて、寺社の特別な祭礼日の賑《にぎ》わいがある。大きな祭礼ともなれば、境内やその周辺に香具師《やし》が露店は出すわ、博徒が賭場《とば》は立てるわ、流れ遊女が群がるわで、境内は一大歓楽場と化したのであった。門前町はこれの常設化と見ることができる。その最たるものが江戸の浅草寺の境内であった。

浅草寺を訪れた欧米人は皆、その賑わいに驚嘆している。出店《でみせ》の多種多様さと人出の多さにも驚いているが、それよりもむしろ、宗教と娯楽の奇妙な結びつき、聖なる場が遊びの場となっていることへの驚きであった。オールコックは、このあとすぐ述べるような娯楽施設の寄せ集めは、敬虔《けいけん》な感情とか厳粛な宗教的信念とはおよそ相容《あいい》れないものであると述べ、シュリーマンも、自分には宗教的厳粛な信仰に娯楽的要素が混じり合うような状態がとても信じられないという。

とはいうものの、彼らは見物した浅草寺の賑わいをけっこう楽しんで、その賑わいぶりをこまかに記録している。オールコックの記述に主として拠《よ》りながら、当時の浅草寺の盛り場的な状況を少しばかりのぞいてみよう。

外門（雷門《かみなりもん》、慶応元年＝一八六五年末に焼失）から内門（仁王門、現在は宝蔵門《ほうぞうもん》）へ伸びる参道にはすでに仲見世《なかみせ》が形成されており、櫛《くし》・簪《かんざし》の類をはじめとする婦人向け小間物店や子供の玩具《おもちゃ》屋や楊弓《ようきゅう》場、茶店などが数多く列《つら》なり、老若男女の人波でごった返していた。浅草寺本堂左手の庭園では、二月の梅、四月の桜、七月の蓮《はす》、夏のつつじ、十月の菊、十二月の椿と、おおむね四季を通じて花を楽しめ、盆栽も並べられていた。奥山《おくやま》には芝居小屋や綱渡りなどの軽業《かるわざ》、居合抜き、独楽廻《こままわ》しといった大道芸、動物や芸を仕込んだ小鳥の見世物、さらにはお化け屋敷や人形屋敷もあった。

独楽廻しの曲芸は、欧米人の目にはとくに珍しくもあり、神業とも見え、誰もが驚嘆してその曲芸を絶賛している。オールコックは、「すばらしい腕前と巧みさを、これほど完全に示したものを、私は見たことがない」（訳文は山口光朔氏）と言い、シュリーマンのごときは、アメリカの著名な興行師に独楽廻しの修業のために日本へ渡ることを勧めたい、とまで賛嘆している。オールコックも誰も名をあげていないが、この独楽廻しは、当時有名な松井源水《まついげんすい》であろう。彼は一八六七年（慶応三）にパリ万国博覧会に派遣された徳川昭武とともに渡仏している。

独楽廻しと並んで人形屋敷も欧米人を魅了した。彼らはこれを、ロンドンのマダム・タッソーの蠟《ろう》人形館に匹敵するものとしている。彩色を施した等身大の木彫の人形に本物の着物を着付け、そうした人形を幾体も集めて日本の風俗を示す十数場面を構成しているのである。この場合も欧米人は誰も製作者の名をあげていないが、これまた当時有名な松本喜三郎《まつもときさぶろう》の生き人形である。このコレクションは写実的で大変に面白いだけでなく、その木彫にはかなりの芸術的才能が認められ、十分に一見の価値があるとはオールコックの評言である。

宗教と娯楽の結びつきに首を傾《かし》げた欧米人も、その楽しさだけは堪能したのである。

6　躾《しつけ》上手の日本人

「日本人は多産な民族である。そこいらじゅう子供だらけで、その生き生きとした顔、ふっくらとした身体、活発で陽気なところを見れば、健康で幸せに育っているのがすぐにわかる。まだ小さくて歩けないときは母親や兄姉が背中におぶり、とてもよく面倒をみる。冬には、家の裕福さ加減にしたがって暖かい冬服にくるまれる。少し大きくなると外へ出され、遊び友達にまじって朝から晩まで通りで転げまわっている」（訳文は長島要一氏）。

これは一八六六年（慶応二）からほぼ一年間日本に滞在したデンマーク人スエンソンの観察による日本の子供らの姿である。子供らのこうした姿は、第二次大戦まで変らなかったように思う。その頃の日本の子供は、がいして躾が良く、行儀も良かった。明治の初期に日本の生活を体験したモースとバード女史とがともにそうした印象を語っている。バードは青森県の碇《いかり》ヶ関《せき》で目にしたこととして、子供たちが親のいうことに従順なばかりか、仲間同士でも秩序をよく保っていることに感心している。子供たちの争いごとは、年長の子供の命令で解決し、大人の手を借りることがない。バードが菓子を与えようとしても、子供らは親の許しをえなければ受けとらず、受けとっても独り占めはせずに、仲間の子供たちに分け与えるのが常である。

モースは、日本の学童が先生を深く尊敬していることに非常な感銘を受けている。彼によれば、アメリカの男の子は粗暴きわまりなく、ある学区では、職業拳闘家《ボクサー》でなければ学校の先生は勤まらない、とまでモースは言うのである。これが今から一三〇年も昔の明治十年代のことである。日本でも近年学校が荒れて、教師に暴行を加えるばかりか女性教師を刺殺する中学生さえ現れてきたが、こうした点に関するかぎり、アメリカはまぎれもなく「先進国」だったわけである。

日本の子供たちの行儀の良さについて、モースはつぎのような例もあげている。東

寺子屋(A. Humbert, 1870)

京で芝居見物をしたときのことである。幕間《まくあい》になると子供たちが席を離れて舞台にかけつけ、幕の両側から入り込んで、道具方が新しい場面を作っているのを見物する。そして、幕を開ける合図の拍子木が鳴るやいなや、さっと席へ戻る、というのである。このばあいもモースはアメリカの子供を引き合いに出し、アメリカならば、幕裏に入った子供たちは、たちまち道具方の釘箱《くぎばこ》をひっくり返すわ、ペンキをこぼすわ、その他ありとあらゆる悪事を働くにきまっている。それで、躾がゆきとどき行儀の良い日本の子供たちには、却《かえ》って大幅な行動の自由が許されているのだ、と。

万延元年遣米使節団は、アメリカで初めて乳母車を知りその便利さに感心しているが、欧米人は日本の赤児が母や兄姉の背に負われたり、あるいは父親の腕にだかれたりしている姿に強い印象を受けている。こうした赤児の扱いや、日本人の子沢山なことから、オールコックは日本を子供の楽園と呼ぶのである。

イザベラ・バードは、日本人ほど子供を可愛がる人びとを見たことがない、子供を抱いたり、背負ったり、歩くときには手をとり、子供の遊びをじっと見ていたり、加わったり、いつも新しい玩具を与え、遠足や祭りにつれて行き、子供がいないといつもつまらなそうである。他人の子供に対しても過度に愛情をもって世話してやる、と感じ入っている。

面白いのは彼女が、日本の祭りに子供向けの駄菓子や玩具を商う露店が数多く出る様子を見物して、日本の子供崇拝は猛烈なもので、どんな親でも祭りに行けば、必ず子供に捧げるための供物を買う、と比喩《ひゆ》的表現をしていることである。

オールコックをはじめ、日本には子供に対する体罰が無いと述べている欧米人は一、二にとどまらない。これはいささか日本の子育てを美化し過ぎている。シーボルトの息子のアレクサンダーは、日本ではヨーロッパでよくやる子供の体罰の鞭《むち》打ちの代わりに、灸《きゆう》をすえると聞き、このほうが好ましいという。彼は医療としての点灸のことを知っていたので、子供に灸をすえることを、健康的な体罰の方法ととらえたのである。

健康的であろうとなかろうと、「そんな悪さをすると灸をすえるよ」という脅しは、私の体験に照らしても、子供の行儀や我がままを矯正するうえで効果絶大であったと思う。実際にすえることはほとんどないのであるが、この言葉は、三蔵《さんぞう》法師が孫悟空《そんごくう》の頭の金輪にかける呪文《じゆもん》ほどにも効果を発揮した。悪餓鬼であった私は、ずいぶんこれで脅されたものであった。昭和初期の話である。このふうも、いつの頃からかまったく消え失《う》せてしまった。代わりに、最近では子供虐待が社会問題化してきた。我が子を虐待する父母が増えてきたのである。かつてオリファントが、日本では子供の虐待を一度も見たことがない、と言っていたのがまるで嘘のようである。

赤ん坊は母親におぶわれるだけでなく、姉や兄にもよく負われたものである。十歳にも満たない小児でさえ、赤ん坊をおぶって子守りすることを、多くの欧米人が眺めて記録している。何しろ子沢山なので、母親一人では手が回らないのである。グリフィスは、跳んだ子がつぎには馬になり、これを繰り返していく馬跳びにたとえている。貧しい家の少女が、他家に子守りとして雇われることもあった。小児が赤ん坊をおぶっている姿を見ると、誰しも児童虐待かと思ってしまうだろう。赤ん坊はけっこう重いし、それを十歳にも満たぬ子供が、自分の体の自由もままならぬよう、背中におぶい紐《ひも》でくくりつけられているのであるから。しかし、子供にはそれを嫌がるふうもなく、母親気どりで赤ん坊をあやして可愛がっているのである。これもまた、第二次大戦まではよく見かけた光景であったが、今ではまったく姿を消してしまった。

さきに、モースやバードが日本の子供たちの躾の良さ、行儀の良さに感心していることを紹介したが、日本人は子供をただ猫可愛がりするのでなく、子供のうちに忍耐と謙虚さと礼節を教えこむとはすでに早くゴロウニンが指摘しているところである。バードも日本の子供たちはやっと喋《しゃべ》り始める頃から礼儀の手ほどきを受け、それで十歳になる頃までには、あらゆるばあいに応じて、何をしたらよいか、何をしてはいけないかを正確に知っている、と今ではまるで信じられないようなことを述べ、また、日本では親のいうことをおとなしくきくのが当然のこととして、赤ん坊のときから教えこまれているともいう。

日本の子供の躾の良さ行儀の良さには、家庭教育と並んで寺子屋の教育が大きな役割を果たしていた。寺子屋は江戸時代後期から幕末期にかけて激増し、幕末期には全国で数万校にのぼったと推測されている。こうした寺子屋に画一的な指導要綱があったわけではないから、科目はかなりまちまちであった。しかし、読み書きと並んで、あるいは読み書きを通して道徳教育は必須だったようである。フィッセルやアルミニヨンがそのことを指摘している。開国期に来日した欧米人を驚かせた日本の子供たちの躾の良さ、行儀の良さ、礼儀正しさには、このあたりもあずかっていたのである。

7　日本人は総中流？

「親孝行」とか「子は宝」という言葉は、いまではほとんど死語となってしまった。今から五十年ほど前、私は洋上大学の講師としてイギリスの客船で南太平洋をクルーズする機会をもったことがある。船客には歩くのも覚束《おぼつか》ないイギリス人の老夫婦がけっこう多かった。人生の最後のひとときを、世界一周の船旅で楽しみたいというわけである。船長の話によると、こうした老人船客の中には、船旅中に死亡するものが必ずしも稀《まれ》ではなく、そうした場合には遺体はイギリスに寄港した際、遺族に引き渡すのがしきたりであるという。ところが、である。船長によると遺体の引き取りを拒み、姿さえ見せない息子や娘が珍しくないというのである。この話を聞いて私は唖然《あぜん》としたものである。いったい、どういう親子関係なのか。ところが、今では日本でも、さもありなん、というように、すっかり世情が変わってしまった。親殺し、子殺しが日常的にとはいわないまでも、稀ならず起こる世の中になってしまったのである。

前節に述べた日本の「子供天国」的様相もまるで変わってしまった。否、もともと日本を「子供天国」とか「子供の楽園」と称するオールコックなどの見方が偏向したものであって、客観性を欠いていたのかも知れない。子供をひどく可愛がる一方、結構残酷に扱うばあいのあったことも事実であり、そうした面に着目した欧米人もいなかったわけではないのである。

ポンペ、オールコック、アルミニヨンといった人びとは、日本の親たちはすこぶる慈愛深いので、どんな貧民でも子供を捨てることがないし、ましてや嬰児《えいじ》殺しの慣習は無いという。彼らは日本に「孤児院」（養護施設のこと）が無いのは、捨て子が無いからそれを必要としないためだろうと見ている。当時の日本に「孤児院」が無かったことは事実としても、捨て子や嬰児殺しが無いというのはまったくの誤りである。

江戸時代の中期以降、農村の窮乏が著しく、一揆《いっき》や打ち毀《こわ》しと並んで、口減らしのための堕胎やいわゆる「間引き」（嬰児殺し）がしきりに行なわれたのである。堕胎のための専門医まであらわれ、中条《ちゅうじょう》流を名乗って繁昌をきわめた。「中条はむごったらしい蔵を建て」という川柳が物語っているとおりである。「間引き」も同様である。藩によって禁令を出すところもあったが、ほとんど実効をともなわなかった。

こうした実情にもかかわらず、嬰児殺しを無いと報告しているのは、おそらくは罪の意識からそれを隠すべきと考えた日本人を情報源としたためであろう。調査にさいして、通訳や情報提供者を無条件に信じてはならないという教訓を、はからずも示してくれたことであった。貧しさから子供をごく小さいときに娼家に売る親がいたことはすでに第三章に述べたとおりである。これらの事実を知れば、けっして無条件に日本を「子供の楽園」などとは呼べなかったはずである。貧しさこそが「子供の楽園」障碍《しょうがい》因子であった。

ところが、貧しさについても欧米人の見方はちぐはぐで、日本を豊かな国と見るものがいる一方、極めて貧しくみじめな国と断ずるものもいるのである。ほぼ同時代・同時期に日本を訪れながらこうも違うのである。

一八二〇年代（文政年間）に長崎のオランダ商館に在勤したフィッセルは、日本では商人や貿易業者が最高に裕福な生活をしているだけでなく、一般に満足が行きわたっており、食事にこと欠くほどの貧乏人はいないと述べている。それからおよそ三十年後に同じ長崎に勤務したカッテンディーケもまた、ほぼ同様の感想を綴《つづ》っており、それからさらに十年近くのちに日本を訪れたアルミニヨンのごときは、下層民が日本ほど満足そうにしている国は他に無かろうとまで述べている。明治に入っても、そのごく初期に日本を旅したヒューブナーは、日本人は富裕も貧窮も知らず、皆中流を保っていると評している。

もし彼らのいうとおりだとするならば、日本は「子供の楽園」どころか「地上天国」ということになってしまうだろう。彼らの耳には各地の農民一揆や打ち毀しの情報など――たとえ過去のことであっても――まったく入ってこなかったのであろうか。それとも、彼らのエキゾティシズムが未知の国日本を「楽園」に仕立てたかったのであろうか。とにかく彼らが楽天的すぎたことだけは確かである。自分のちょっとした印象だけで全体を判断してしまうことの危険性、そして異文化理解と称するものの心もとなさを痛感させられる事例である。

しかし、右のような楽観論とは逆の意見も無かったわけではない。カッテンディーケやアルミニヨンとほぼ同時期に、アンベールは、日本農民が生産物の多くを封建領主や地主に取りあげられるので、貧しい生活を余儀なくされていることを指摘している。彼は、農村と違って繁栄を誇り、市民が遊惰に流れていたと言われがちな江戸についてさえ、その市民の大半は暮らしが苦しい、と見ている。

日本人総中流論者のヒューブナーより一年早く来日し、彼よりも長期滞在したグリフィスは、来日当初日本を富裕な国と思っていたのに、一年以上経って、本当のところ日本人は非常に貧しいということがわかった、と告白している。彼はまた、日本は、日本について書かれた本の読者が想像しているような東洋の楽園ではなくて、国土と住民のひどく惨めで貧乏な生活に自分は気づきはじめたとも述べている。

さきに、日本人を皆中流と評したヒューブナーでさえ、一八七一年（明治四）夏に熱海《あたみ》から江《え》の島《しま》まで和船を漕《こ》がせて遊覧したおり、船頭たちの食事が一握りの大麦に水をかけただけであることに驚き、米は金持ちしか食べられないのだと船頭たちに同情しきりであった。

一八六二年（文久二）から翌年にかけて、幕府に招かれて北海道の鉱山調査に当たったアメリカ人の地質・鉱物学者パンペリーは、いみじくも、旅行者の意見はがいして自分の体験の中で強く印象づけられた出来事にもとづいている、と述べている。それが先入主となって、公平に、あるいは客観的に見る眼を曇らせてしまうことへの自戒である。パンペリーのこの自戒は、われわれが異文化を理解しようとするばあい、偏見の排除と並んでつねに心すべきことである。

おわりに――異文化理解の心得

開国期にわが国を訪れた欧米人たちが、当時の日本人とその文化をどのようにとらえたかを、かぎられた事項についてではあるが点検してきた。当初私は、彼らがもっと粗雑に、しかも歪《ゆが》んだとらえ方をしているものと予想していたが、案に相違して実際にはまことに精緻《せいち》・的確に、ときにはわれわれ日本人が気づかずにいた点にまで踏みこんで理解を示しているばあいの多いことに、感心させられたのであった。今とくらべて遥《はる》かに交通不便で国内旅行もままならず、信頼できる通訳も少なく、要するに観察を含めて情報収集のけっして容易ではなかった時代であることを思うと、むしろ驚きでさえあった。

しかしその一方、事実誤認や同一の事柄について人によりとらえ方がまちまちであるばあいのあることも知った。観察や情報収集の不備がもたらした結果には違いないが、本書で史料に用いた欧米人の著作の多くが、本文中で引用したアンベールの告白のように（第一章一節）もともと個人的な印象と経験の記録であるかぎり、避けがたい結果というべきであろう。これも本文中に引用したことであるが（第三章一節）、パンペリーは旅行者の意見はがいして自分の体験の中で強く印象づけられた出来事にもとづいていると述べていたではなかったか。

日本が完全に画一化された社会ではなく、不斉一な要素が混ざり合った国であることにも、まちまちな印象と経験の原因は求められよう。当時の日本は身分差・階級差の歴然とした社会であった。この本ではまとを庶民に絞ったとはいうものの、一口に庶民といってもその中には貧富の階級差や職業の別があるし、また地方差もある。ところが欧米人は日本全土をくまなく歩いたわけではないし、農漁民や職人・商人を区別して観察したり情報を集めたりしたとはかぎらない。むしろ行き当たりばったりに近い。右にあげたような差異に目くばりせずに一般化してしまうならば、一部にとっては真実であることも別の一部には誤りということになってしまおう。アンベールのように「個人的な印象と経験の記録」とことわってある著作は別にして、多くの著者は「個人的な印象と経験」を無自覚に日本人と日本文化の一般論へ拡大してしまっているのである。

たとえば前章の最後に述べた日本人の貧富の程度についての感想などがそれである。日本人を総じて豊かであるとか総中流と評するものがある一方、非常に貧しく苦しい生活を余儀なくされているとする意見もある。日本人総中流論をとるヒューブナーも、あるとき船頭の食事のあまりの粗末さを目にして愕然《がくぜん》としている。これは何も開国期に来日した欧米人にかぎったことではない。ちょっとした印象や経験を安易・性急に一般化してしまうことの危険性は、われわれ自身異文化に接したばあいによくよく自戒すべきことである。

こうして犯された誤りにも増して気にかかることは、当時の来日欧米人が、しばしば自己の価値基準を絶対的なものとして日本人と日本文化に評価を下していることである。たとえば彼らの多くが、当時の日本人の男女混浴の慣習や裸を人目に曝《さら》して恥じぬ風を見て、日本人には羞恥心《しゅうち》が欠如しているとか、日本人ほど卑猥《ひわい》で淫蕩《いんとう》な民族はないと評したり、またたとえばオールコックが耳慣れぬ日本の音曲に困惑して、日本には音楽が無いと断じたりしたのがその好例である。

何の情報ももたないままに初めて異文化に触れたばあい、われわれは何を手がかりにその異文化の理解を試みるかといえば、いうまでもなくそれは、自分がその中に生まれ育った自分たちの社会の文化である。自分たちの文化を物指しにして相手を測るわけである。その際、世界には多種多様な物指しがあり、自分たちの物指しはその中の一つに過ぎないことを自覚せずに、世界には自分たちの物指しただ一つしか無いとか、かりに多種多様な物指しがあるにしても正確なのは自分たちの物指しだけだ、と思い込んで測定に当たるならば、それに外れたものはすべて異常もしくは誤りと目されてしまうことになる。日本人は世界一淫蕩な民族であるとか、日本には音楽が無いとかいった日本文化の評価は、欧米人が自分たちの物指しだけを唯一絶対の正確なものと思い込んだ錯覚が生んだ評価にほかならない。

開国期の日本を訪れた欧米人の中にも、まるで一九二〇年代以降の人類学者のように、欧米文化を無条件に絶対的価値と視《み》る過ちから免れている人びともいなかったわけではない。しかし大多数はそうした過誤を犯し、欧米のキリスト教文化をこそ絶対的基準としがちであった。

近年いわゆる国際化が進むにつれ、「日本の常識は世界の非常識」という言葉を日本人自身がしばしば口にするようになった。しかしこれは何も日本にかぎって妥当する言葉ではない。放っておけばどの民族も自分たちの文化、価値観、常識を世界に通用するものと思いこんでいるのである。第二次世界大戦後の日本は実質的にアメリカの「属国」に堕してしまったので、「アメリカの常識は世界の常識」と錯覚しがちであるが、実は「アメリカの常識は世界の非常識」であるばあいも多々あるのである。アメリカがどれほど強大国であるにせよ、アメリカも所詮《しょせん》世界の中の一国であって、その文化も価値観も常識も世界の中で相対的な存在であるに過ぎない。アメリカ人の価値観が全人類に普遍妥当なるべき絶対的価値に根ざしたものであるわけではない。

そもそもそうした錯覚が生じた淵源《えんげん》は、近世初頭のいわゆる「大発見時代」にまでさかのぼる。この時代以降、力の優越を背景にしたヨーロッパ文化の他文化支配が始まり、そこにヨーロッパの自己中心的な「普遍主義」の幻想が生まれることになった。

「普遍主義」とここに呼ぶものは、ヨーロッパ文化こそが全人類に普遍妥当なるべき絶対的価値であるという、それこそ「独断と偏見」が生んだ幻想を指す。

現代はさすがに直接的な暴力による他民族支配、他文化支配は許されなくなった。代わって現れたのが経済的支配とこれを背景にした政治的並びに文化的影響力の発揮である。そして今、その影響力をほとんど独占的に振るっているのがアメリカであることは、改めて言挙げするまでもあるまい。もしアメリカがその強大国の威力を背景に、自己の常識（もしくは価値観）を他国、他民族にも強要しようというのであれば、それは相変わらず「普遍主義」の幻想から醒《さ》めきれずにいるものといわれてもやむをえまい。

実は私の専門とする人類学の分野でも、十九世紀から二十世紀の初期にかけて、右の「普遍主義」が「進化主義」の名のもとに盛行したものであった。これは社会の発展段階説として、エンゲルスなどのマルクス主義史観にも影響するところがあったから、ご承知のかたも多いことと思う。二十世紀の二〇年代以降こんどはそのアンチテーゼともいうべき「文化相対主義」が人類学の主流となる。日本文化を「恥の文化」と規定した『菊と刀』の著者として日本人のあいだにもよく名前を知られた、ルース・ベネディクト女史がその急先鋒《きゅうせんぽう》の一人である。ごくかいつまんでいってしまえば、すべての価値は相対的であって、普遍的・絶対的価値は存在しない。善悪、優劣は一つの文化の中でのみ意味をもつことであり、普遍的妥当性は無い、というのが文化相対主義の立場である。

こうした文化相対主義を盾に取って各民族が自己主張をするならば、それは結局自民族中心主義《エスノセントリズム》のせめぎ合いになってしまう。そうした国際協調の問題を別にして、文化相対主義の出現によって、欧米「先進国」の自己中心的な「普遍主義」が幻想に過ぎないことだけは明らかになったのである。その意味で人類学の果たした役割は大きいが、実は人類学を俟《ま》つまでもなく、欧米文化の優越性を過信し、その「普遍主義」を受容してきた一部の人びとを除いては、とうに判っていたことなのである。たとえば、あれだけフランスに憧《あこが》れ、フランス文化に惑溺《わくでき》していた永井荷風も、日本の似而非《えせ》欧化主義を嫌悪して江戸趣味を耽美《たんび》したのではなかったか。またたとえば、石《いし》橋湛山《ばしたんざん》は、一切の価値判断は目的に照らしてなされるべきで、目的の如何《いかん》を超えた絶対的価値は存在しない旨をその自伝（『湛山回想』昭和六十年刊）の中に叙している。彼はエコノミストであって、人類学者ではない。

無条件の人権尊重は錯覚に過ぎない、とまで語っている。いうまでもなく、

自己もしくは自己の文化を絶対視する価値観は、他者を蔑視《べっし》し差別する視点と不可分である。自己を優者、他者を劣者と見るものである。のちに勝海舟の三男梅太郎と結婚することになるクララ・ホイットニーは、まだ来日してほどなく、将来日本人と

結婚することになるなど夢想だにしなかった十代の頃の日記に、日本人を猿呼ばわりして、自分たちアングロサクソンが日本人のようなモンゴリアンと結婚するなど考えただけでも胸がむかつくとか、自分は日本人と人種・国籍の違うことを神に感謝するとか記していた。他の人びとの日記や紀行にはさすがにこれほど露骨な表現はみられない。それにもかかわらず、そしてときには日本文化のある面を手放しで礼賛しながらも、言葉のはしばしに日本人と日本文化への蔑視をにじませているのである。

彼らのそうした見方を、当時の日本は長年月に及ぶ鎖国のために事実欧米に遅れ、あるいは劣っていたのだからやむをえまいとする卑屈な、あるいは欧米崇拝的な意見もあろうが、たとえば当時の日本人が「時は金なり」の観念をもち合わさなかったからといって、どうしてそれが日本人の劣っている、あるいは遅れている証《あかし》になるのであろうか。なるほど効率主義あるいは経済至上主義の立場からいえばそうなるのかも知れないが、効率主義とか経済主義は絶対的価値なのか。評価は、「これこれの立場(価値観)からすれば」という相対評価にとどまるべきで、それを絶対評価と錯覚してはならない。

要するに異文化理解に際して心すべきことは、自文化を絶対視してこれに外れた異文化を蔑視し、無用の優越感に浸ることと同じく、異文化を絶対視して徒《いたずら》に自文化を卑下する愚に陥らぬことである。効率主義にせよ何にせよ、とにかく或《あ》る特定の視点に立ってでないかぎり、自文化と異文化との間に優劣の評価をもち込むべきではない。視点を変えれば評価が逆転するのは何も珍しいことではない。

自文化を相対視したうえでの「自文化に照らせば」という異文化理解の視点は、同時に自文化の再発見、再認識の視点でもある。自己は他者と照らし合わせることによって初めて自己認識ができる。異文化理解は自文化理解と表裏一体である。

ところで、異文化に対して、たとえ相対評価にとどまるにしても、自己の価値観を押し通そうとするならば、軋轢《あつれき》を生ずることは必定である。押し通したばあいには少なくとも相手方に屈辱感を残すことになりかねない。平成十年十一月二十三日付の朝日新聞「天声人語」によると、外国の高官は日本から訪れる政財界人が時候の挨拶《あいさつ》やら相手方への褒め言葉（お世辞）やらを延々と並べ、なかなか本題に入らないことに業を煮やして、あまり会いたがらない由である。イギリスのサッチャー女史のごときは首相在任当時、さる自民党幹部の訪問を受けた際、いつまでも本題をきり出さない彼にいらだって、ついに「アイム・ビジー（私は忙しいのよ）」の一言を残してさっと部屋を出て行ったという。この話を紹介した天声人語氏は、屈辱感を覚える代わりに、いかにも「日本の常識は世界の非常識」あるいは日本人は「時は金」の観念を欠いていると言いたげな口振りであるが、私に言わせれば、これは何も日本人が一方的に卑下すべきことがらではない。日本人が欧米人のビジネスライクな会見の仕方を知らず、欧米人は日本人の挨拶の作法を知らないところから生じた相互無理解もしくは相互誤解の例話にすぎない。

そういえば、本文中には引用しなかったことであるが、開国期に来日した欧米人たちは、日本人が路上で知人に出合うと互いに腰をかがめて何か言いながら延々とお辞儀を繰り返すことを、滑稽《こっけい》極まりないと評していた。手紙にしても、日本人はまず時候の挨拶やら相手の健康のお伺いから始めるではないか。外国人の目にいかに悠長とか形式主義と映ろうともそれが日本文化なのである。忙しい世の中にそぐわないといわれようとも、何も忙しいことに絶対的価値があるわけではなかろう。

個人であろうと民族であろうと、一方の価値観の押しつけが相手方の屈辱感を招き、それが昂《こう》じて両者の間に深刻な紛争を惹起《じゃっき》するばあいも無いではないが、もっと単純なちょっとした異文化誤解がもとで死さえもたらされかねないこともある。山本七平《やまもとしちへい》氏の『一下級将校の見た帝国陸軍』（昭和五十一年刊）の中に紹介されている話であるが、太平洋戦争の敗戦後マニラの戦犯法廷で、戦争中のアメリカ兵捕虜に牛蒡《ごぼう》・たくわん・味噌汁《みそしる》を給食したことで捕虜虐待の罪に問われた日本兵があったというのである。牛蒡は木の根または枝、たくわんは黄変して悪臭を放つ廃棄物、味噌汁は腐敗した豆スープと誤解されたのである。ただでさえ食材の乏しい戦陣で、まさか米兵捕虜にだけポタージュスープにビーフステーキというわけにはいくまい。日本兵と同じ食事を支給して罪に問われたのではたまったものではない。些細《ささい》な文化誤解が生んだ悲劇である。

見た目に明らかな有形文化や右にあげた二例のような簡単な行動様式あるいは慣習についてならば、比較的容易に理解することができよう。しかしそれらの背後にある思考様式やら価値観など心意にかかわることとなると、理解は必ずしも容易ではない。これは個人たると民族たるとを問わず他者理解に必ずつきまとう困難である。互いによく解っているつもりの友人・親子・兄弟姉妹・夫婦の間でさえそうである。われわれの周囲には、互いの誤解もしくは無理解からくるこうした人間関係の破綻《はたん》の例が日常的にごまんとあるではないか。もともと異文化理解など出来なくて当然なのかもしれない。それでなおかつ異文化間の協調を保つためには、世間は他人ばかりであるのと同様に世界は多様な異文化の集合体であることを承知したうえで、己の文化、己の価値観を絶対視して異文化を評価することをせず、ましてや己の文化や価値観を相手方に強要することなく、異文化を異文化として容認する寛容さこそが肝要であろう。そのうえで押しつけではない協調点を探ることが国際交流とか国際化の前提である。世界の諸文化の画一化が国際化なのではない。画一化はむしろ人類文化の衰退である。

引用書目

欧文（著者名アルファベット順）

オールコック（Alcock, Rutherford）
一八六三『大君の都』。同名邦訳は山口光朔（訳）、岩波文庫（全三巻）、一九六二年。
アルミニヨン（Arminjon, V.F.）
一八六九『日本および一八六六年の軍艦マジェンタ号の航海』。邦訳『イタリア使節の幕末見聞記』大久保昭男（訳）、新人物往来社、一九八七年は、原著第一部の第一、二章と第二部の全訳。別に『伊国使節アルミニヨン幕末日本記』田沼利男（訳）・松崎実（編）、三学書房、一九四三年は、多少の省略はあるもののほぼ完訳。
ベルソール（Bellessort, André）
一九〇〇『日本の昼と夜』。邦訳『明治滞在日記』大久保昭男（訳）、新人物往来社、一九八九年。
バード（Bird, Isabella L.）
一八八〇『日本の未踏の地』（全二巻）、普及版（一巻本）は一八八五年刊。邦訳『日本奥地紀行』高梨健吉（訳）、平凡社東洋文庫、一九七三年は、原著普及版の全訳。
ブラック（Black, John Reddie）
一八八〇『ヤング・ジャパン』（全二巻）。同名邦訳はねずまさし・小池晴子（訳）、平凡社東洋文庫（全三巻）、一九七〇年。

ブラント（Brandt, Max von）
一九〇一―〇二『東アジアにおける三十三年――あるドイツ外交官の思い出』（全三巻）。邦訳『ドイツ公使の見た明治維新』原潔・永岡敦（訳）、新人物往来社、一九八七年は、原著第二巻の日本関係部分を訳出したもの。

デュ・パン（Du Pin）
一八六八『日本――風俗、習慣、風景描写、地理――ヨーロッパ人との関係』。邦訳『幕末ジャポン――日本における外国人』森本英夫（訳）、『モンブランの日本見聞記――フランス人の幕末明治観』に収録、新人物往来社、一九八七年は原著の抄訳。

オイレンブルク（Eulenburg, Freidrich Alberecht Graf Zu）
一八六四『公式資料によるプロイセンの東アジア遠征』（全四巻）。邦訳『オイレンブルク日本遠征記』中井晶夫（訳）、雄松堂新異国叢書（全二巻）、一九六九年は、原著の日本関係部分を訳出したもの。

フィッセル（Fisscher, J.F.van Overmeer）
一八三三『日本国の知識への寄与』。邦訳『日本風俗備考』庄司三男・沼田次郎（訳）、平凡社東洋文庫（全二巻）、一九七八年。

ゴロウニン（Golovnin, Vasilii Mikhailovich）
一八一六『日本幽囚記』。邦訳『日本幽囚記』井上満（訳）、岩波文庫（全三巻）、一九四三―四六年。『日本俘虜実記』徳力真太郎（訳）、全二巻、及び『ロシア士官の見た徳川日本』徳力真太郎（訳）、講談社学術文庫、一九八四―八五年。

ゴンチャローフ (Goncharov, Ivan Aleksandrovich)

一八五七『フレガート・パルラダ』。邦訳『ゴンチャローフ日本渡航記』高野明・島田陽(訳)、雄松堂新異国叢書、一九六九年は、一九一六年版『ゴンチャローフ全集』収録のものによる。別に『日本渡航記』井上満(訳)、岩波文庫、一九四一年。どちらも日本に関係ある極東部分だけを訳出したもの。

グリフィス (Griffis, William Elliot)

一八七六『みかどの帝国』。邦訳『明治日本体験記』山下英一(訳)、平凡社東洋文庫、一九八四年は、原著第二部「一八七〇—七年の日本における個人的体験・観察・研究」の全訳。

ハリス (Harris, Townsend)

一九三〇『タウンゼント・ハリスの完全な日記』(M・E・コセンザ(編))。邦訳『日本滞在記』坂田精一(訳)、岩波文庫(全三巻)、一九五三—五四年。

ハイネ (Heine, Peter Bernhard Wilhelm)

一八五六『世界周航日本への旅、一八五三—五五年のペリー提督指揮下の遠征艦隊に搭乗して』(全二巻)。邦訳『ハイネ世界周航日本への旅』中井晶夫(訳)、雄松堂新異国叢書、一九八三年は、原著の日本関係部分を訳出したもの。

ヒュースケン (Heusken, Henry C.J.)

『日本日記』青木枝朗(訳)、校倉書房、一九七一年。邦訳の底本は一九六四年刊の英語版の由。

ホジソン (Hodgson, Christopher Pemberton)
一八六一『一八五九―六〇年の長崎・箱館および日本総説』。邦訳『ホジソン長崎函館滞在記』多田実（訳）、雄松堂新異国叢書、一九八四年。

ヒューブナー (Hübner, Alexander F.V.)
一八七三『世界周遊記』。邦訳『オーストリア外交官の明治維新』市川慎一・松本雅弘（訳）、新人物往来社、一九八八年は、原著第二部「日本篇」の全訳。

アンベール (Humbert, Aimé)
一八七〇『図解日本』。邦訳『幕末日本図絵』高橋邦太郎（訳）、雄松堂新異国叢書（全二巻）、一九六九―七〇年。

ケンペル (Kaempfer, Engelbert)
一七七七―七九『日本史・誌』（通称『日本誌』、全二巻）。邦訳には各種あるが、ここでは下記を用いた。『江戸参府旅行日記』斎藤信（訳）、平凡社東洋文庫、一九七七年は、原著第二巻の第五章を訳出したもの。

カッテンディーケ (Kattendyke, Ridder Huyssen van)
一八六〇『滞在日記抄』。邦訳『長崎海軍伝習所の日々』水田信利（訳）、平凡社東洋文庫、一九六四年。

リンダウ (Lindau, Rudolf)
一八六四『日本周遊旅行』。邦訳『スイス領事の見た幕末日本』森本英夫（訳）、新人物往来社、一九八六年。

リュードルフ (Lühdorf, F.A.)

一八五七『神奈川条約締結後の日本における八ヶ月』。邦訳『グレタ号日本通商記』中村赳(訳)、雄松堂新異国叢書、一九八四年。

マホフ (Makhov, Vasilij)

一八六七『フレガート・ディアーナ号航海誌――ワシーリィ・マホフ司祭長の一八五四―五五年の日本旅行記』。同名邦訳は高野明(訳)で前掲『ゴンチャローフ日本渡航記』併載。

ミットフォード (Mitford, A.B.Freeman)

一九一五『回想録』(全二巻)。邦訳『英国外交官の見た幕末維新』長岡祥三(訳)、新人物往来社、一九八五年は、原著の日本関係部分(第十八章から第二十六章まで)を訳出したもの。

モース (Morse, Edward Sylvester)

一九一七『日本その日その日』。同名邦訳は石川欣一(訳)、平凡社東洋文庫(全三巻)、一九七〇―七一年。

オリファント (Oliphant, Laurence)

一八五九『一八五七―五九年における中国及び日本へのエルギン卿使節団の物語』(全二巻)、邦訳『エルギン卿遣日使節録』岡田章雄(訳)、雄松堂新修異国叢書、一九六八年は、原著の日本関係部分(第二巻第一章から十二章まで)を訳出したもの。

ペリー (Perry, Matthew C.)

一九六八　『一八五二―五四年ペリー提督日本遠征私日記』（R・ピノオ（編））。邦訳『ペリー日本遠征日記』金井圓（訳）、雄松堂新異国叢書、一九八五年。『ペルリ提督日本遠征記』土屋喬雄・玉城肇（訳）、岩波文庫（全四巻）、一九四八―五五年は、ペリーの日記をはじめ乗組員の日記・覚書の類をもとに、フランシス・M・ホークスが編集したいわゆる「公式報告書」の第一巻（いわゆる本記）の全訳。

ポンペ（Pompe van Meerdervoort）
一八六七―六八　『日本における五年間――日本帝国とその国民の知識への寄与』（全二巻）。邦訳『ポンペ日本滞在見聞記』沼田次郎・荒瀬進（訳）、雄松堂新異国叢書、一九六八年は、原著第二巻の全訳。

パンペリー（Pumpelly, Raphael）
一八七〇　『アメリカ・アジア横断――世界一周ならびにアリゾナ・日本・シナ滞在五ヶ年の記録』。邦訳『パンペリー日本踏査紀行』伊藤尚武・藤川徹（訳）、雄松堂新異国叢書、一九八二年は、原著の日本に関する部分を訳出したもの。

ルサン（Roussin, Alfred）
一八六六　『日本沿岸の戦い』。邦訳『フランス士官の下関海戦記』樋口裕一（訳）、新人物往来社、一九八七年。

サトウ（Satow, Ernest Mason）
一九二一　『日本における一外交官』。邦訳『一外交官の見た明治維新』坂田精一（訳）、岩波文庫（全二巻）、一九六〇年。『アーネスト・サトウ公使日記』長岡祥三（訳）2は福永郁雄と共訳、新人物往来社（全二巻）、一九八九—九一年。原著は英国国立公文書館収蔵のサトウ文書中の日記の由。

シュリーマン（Schliemann, Heinrich）

一八六七『今日の中国と日本』。邦訳『シュリーマン日本中国旅行記』藤川徹（訳）、雄松堂新異国叢書、一九八二年。

シーボルト（Siebold, Alexander von）

一九〇三『フィーリップ・フランツ・フォン・シーボルト父子の最後の日本旅行』。邦訳『ジーボルト最後の日本旅行』斎藤信（訳）、平凡社東洋文庫、一九八一年。

シーボルト（Siebold, Philipp Franz von）

一八三二—五二『日本』。同名邦訳は中井晶夫他（訳）、雄松堂（全六巻、図録三巻）、一九七七—七九年。別に、原著第二版（一八九七年刊）第二章の全訳に『江戸参府紀行』斎藤信（訳）、平凡社東洋文庫、一九六七年。

シュピース（Spiess, Gustav）

一八六四『一八五九—六二年プロシアの東アジア遠征記——日本・シナ・シャムの素描』。邦訳『シュピースのプロシア日本遠征記』小沢敏夫（訳）、奥川書房、一九三四年は、原著の主として日本関係記事を訳出したもの。

スエンソン（Suenson, Edouard）

一八六九―七〇『日本素描』。邦訳『江戸幕末滞在記』長島要一（訳）、新人物往来社、一九八九年。

ウェストン（Weston, Walter）
一九二五『知られざる日本を旅して』。邦訳『ウェストンの明治見聞記』長岡祥三（訳）、新人物往来社、一九八八年。

ホイットニー（Whitney, Clara）
『クララの明治日記』一又民子（訳）、講談社（全二巻）、一九七六年。

ウィリアムズ（Williams, Samuel Wells）
一九一〇『ペリー日本遠征随行記』。同名邦訳は洞富雄（訳）、雄松堂新異国叢書、一九七〇年。

ウィリス（Willis, William）
「英人医師の会津戦争従軍記」中須賀哲朗（訳）、『英国公使館員の維新戦争見聞記』中須賀哲朗（編）、校倉書房、一九七四年収録。原著は英国外務省旧蔵対日外交文書中のウィリスの報告書ないし急送公文書の由。

和文（著者五十音順）

赤松範一（編）
一九七七『赤松則良半生談』、平凡社東洋文庫。

石橋湛山

一九八五『湛山回想』、岩波文庫。
加藤素毛雅英
一九六〇「二夜語」『万延元年遣米使節史料集成』第三巻所収、風間書房。
鈴木 尚
一九六〇『骨——日本人の祖先はよみがえる』、学生社。
高橋雅雄
一九七九「おはぐろ」『日本風俗史事典』所収、弘文堂。
玉虫左太夫誼茂
一九七四「航米日録」『西洋見聞集』(日本思想大系 第六十六巻所収)、岩波書店。
福地源一郎
一九八九『幕末政治家』、平凡社東洋文庫。
三田村鳶魚
一九九六『江戸の女』朝倉治彦(編)、鳶魚江戸文庫(第二巻)、中公文庫。
村垣淡路守範正
一九六〇『航海日記』吉田常吉(編)、時事通信社。
山本七平
一九七六『一下級将校の見た帝国陸軍』、朝日新聞社。
横浜市役所
一九三二『横浜市史稿——風俗編』、横浜市役所。

和辻哲郎
一九三五『風土』、岩波書店。

その他の参照文献

石井研堂（編）
一九六九『明治事物起源』、日本評論社。
石川栄吉
一九七八「壁のない家――サモアのコミュニティとプライバシー」『南太平洋の民族学』所収、角川選書。
北島正元・南和男
一九九七『海を渡った侍たち――万延元年の遣米使節は何を見たか』、読売新聞社。
一九九一『江戸巨大都市考』、朝日文庫。
日本風俗史学会（編）
一九七九『日本風俗史事典』、弘文堂。
布施昌一
一九七七『シーボルトの日本探検』、木耳社。

刊行にあたって

須藤健一

本書において著者は、日本の開国・国家建設期に訪れた欧米人が遺《のこ》した旅行記・見聞記や日記類と公務記録を分析し、彼・彼女らの目に日本がいかに映ったかを検証している。当時の日本は、西洋にとって「極東の異質な国」であった。訪日した外交官、軍人、学者などの知識階級および貿易商、探検家などはそれぞれの経験と視点から未知の国を描いている。西洋中心主義派から、中立的な文化比較派、さらには日本賛美派までと、日本の評価と位置づけは多様である。本書は、欧米人が発見した開国期の日本文化や庶民生活をとおして、異文化理解とはいかなるものかを問いかけている。

著者の故石川榮吉は、民族学者かつ文化人類学者である。石川は京都大学文学部と大学院で人文地理学や民族学を専攻する一方で、戦後アメリカから導入された「文化人類学」の学問をも追究した。そして、神戸大学、立教大学、東京都立大学および中京大学などで教鞭《きょうべん》をとった。民族学・文化人類学の学界において石川は、オセアニア研究のパイオニアとして活動するとともに、一九七八年に「日本オセアニア学会」を創設して多くの研究者を養成するなど、オセアニア学の発展に貢献してきた。

日本における文化人類学の戦後初の海外学術調査は、一九六〇（昭和三五）年にインドネシアを中心に実施された。これは、財団法人日本民族学協会（現在の日本文化人類学会の前身）の創設二〇周年記念事業「東南アジア稲作民族文化総合調査」である。石川はその「調査」の第二次調査隊員として、バリ島とロンボク島で調査を行なっている。そして一九六二年には、神戸大学南太平洋諸島学術調査隊を組織して、ポリネシアの絶海の孤島が連なるマルケサス諸島で社会人類学の調査を行なった。その後も、ニュージーランドのマオリ族、インドネシアのサダン・トラジャ族、ミクロネシアのキリバス人などの調査を続けてきた。

石川はオセアニア地域で調査を実施すると同時に、広範な文献研究にもとづいて幾多の研究成果を発表している。本書の論考も、異文化や異民族社会を解明するフィールドワークの視点・方法と文献渉猟・解釈の論理が融合した、石川の文化人類学的な研究成果の一環である。

石川の研究は、多岐にわたるが、三つに大別することができる。

第一は、オセアニアとインドネシア地域に焦点を当てた村落共同体と母系社会に関する理論的研究と、フィールドワークに依拠した社会人類学的研究である。前者は、「静態的」な人類学の視点と方法を批判した研究で、『原始共同体—民族学的研究』（日本評論社、一九七〇年）に著されている。後者は、バリ島とロンボク島の村落構造、サダン・トラジャ族の葬送儀礼、マルケサス社会の家族・婚姻など、緻密《ちみつ》なデータを分析した研究である。これは、日本人によるオセアニア初の民族誌、『南太平洋—民族学的研究』（角川書店、一九七九年）にまとめられている。

第二は、西欧人の「ポリネシア観」に関するもので、オセアニアと西欧との接触期の歴史的な記述や資料の分析にもとづく研究である。一九七〇年代のこの研究はまさに「未開」と文明の接触時における南太平洋の社会と文化の風景を描いており、一九八五（昭和六〇）年に毎日出版文化賞を受賞した著書『南太平洋物語』（力富書房、一九八四年）に代表される。また、一八世紀後半から一九世紀初頭にかけて、南太平洋にキリスト教の宣教団や貿易商などが押し寄せ、その社会が大きく変貌《へんぼう》する直前の社会・政治体制や慣行を記述した遺稿論集『クック時代のポリネシア』（国立民族学博物館、二〇〇六年）も刊行されている。

そして第三は、石川が海外のフィールドワークに出かけなくなった九〇年代に本格的に着手した、日本人の「オセアニア観」と「欧米観」についての研究である。この成果は、日本人の漂流記に依拠した『日本人のオセアニア発見』（平凡社、一九九二年）と万延元年の遣米使節団の欧米周遊体験を著した『海を渡った侍たち』（読売新聞、一九九七年）に集大成されている。石川はそれらの研究から、今日でも根強い日本人のオセアニアや欧米に対する「他者像」や「異人観」は、明治期前に形成されたと述べている。これら二書は日本人の海外に対する見方を、本書は外国人の日本に対する見方と考え方を対象にしている。鎖国によって外国には神秘の帳《とばり》に包まれてきた日本の社会や文化が、欧米人の手によって欧米世界に知らされることの意味を問い、異文化理解のあり方を考察している点で本書の学術的な意義は高い。

パレスティナ生まれの文芸批評家、故E・W・サイードは、『オリエンタリズム』（一九七八年、日本語訳平凡社、一九八六年）において、西洋の東洋に対する思考と支配の様式を強く批判している。それは、西洋がオリエントを自分に都合よく解釈し、ひとつの様式をもった存在として表現し、さらに支配する正当化の言説に対する批判である。本書で石川は、欧米人の描いた旅行記、日記、見聞記の内容が、西洋人が日本を理解するための一枚岩的な見方や考え方、つまり「ひとつの様式」を提示していない。彼・彼女らは、自分らが目にし、体験した日本の一つの習慣や事項に関しても異なる解釈をし、多様に表象しているからである。

異文化とは何か？　異文化理解は可能か？　という問いは、永遠に続く人類の課題かもしれない。本書において石川は、欧米人の「日本人観」を知ることは、我われが「日本文化を再発見・再認識」することにつながると指摘している。つまり、異文化や他者の理解は、自文化理解と表裏一体の関係にあるのである。その意味で、本書が日本の社会と文化を相対化し、自文化の世界を柔軟にかつ深く理解するのに役立つことを期待する。

本書は私の恩師である石川榮吉先生の遺稿本である。二〇〇五年三月に石川先生は急逝され、奥様から書き終えたばかりの原稿があることをお聞きした。これを是非世に出したいと思いワープロ化の作業を進めた。この作業を行なってくれた福井栄二郎さん（現島根大学法文学部准教授）に感謝する。そして、本書が出版できたのはひとえに風響社の石井雅氏のおかげである。私のお願いに「爆発的に売れる本ではないが、着実性がある」との石井氏の言葉が耳に残る。心から御礼を申しあげる。

【文庫版にあたって】

本著が風響社から刊行されてから十一年。この間、朝日新聞では多民族共生の進む日本において他者認識のあり方を問う本であると書評された。また、異文化理解学専攻の先生方からはテキストにしたいので「文庫版」にという要請もあった。

著者は「文化相対主義」の物指しと自らの異文化調査の経験から、欧米の40名の知識人が紹介した幕末・明治初期の日本人と日本文化の記述内容の適否を的確に指摘している。そして異文化理解には、異文化を異文化として認める寛容さこそが不可欠と強調している。角川ソフィア文庫として上梓されることに、石川榮吉先生は、一九七〇年代からの「黒潮文化の会」や民族誌出版などの角川書店との縁がよみがえったと喜んでいるにちがいない。

（神戸大学大学院国際文化科学研究科、現堺市博物館長）

図版引用文献資料リスト

Bird, Isabella L.

1880 *Unbeaten tracks in Japan: an account of travels on horseback in the interior, including visits to the aborigines of Yezo and the shrines of Nikkô and Isé.* G. P. Putnam's sons.

Crow, Carl

1939 *He opened the door of Japan: Townsend Harris and Story of his amazing adventures in establishing American relations with the Far East.* Westport: Greenwood Press.

Humbert, Aimé

1870 *Le Japon Illustré. Tomes I,II.* Paris: Librairie de L. Hachette et C.

Oliphant, Laurence

1859 *Narrative of the Earl of Elgin's mission to China and Japan in the years 1857, '58,'59.* Edinburgh: William Blackwood and sons.

Siebold, Philipp Franz von

1897 *Nippon: Archiv zur Beschreibung von Japan und dessen Neben-und Schutzländern* Jezo *mit dem südlichen Kurilen, Sachalin, Korea und den Liukin-Inseln.* Band I. Würzburg und Leipzig: Verlag der K.U.K. Hofbuchhandlung von Leo Woerl.

Wallach, Sidney

1952 *Narrative of the expedition of an American squadron to the China Seas and Japan, under the command of Commdore M.C.Perry, United States Navy.* New York: Coward-McCann, Inc.

1871 明治4	ヒューブナー、アレクサンダー（オーストリア）
	元オーストリア外交官。世界周航の途次に来日し、2ヶ月滞在。『世界周遊記』（1873年）を刊行。
1875 明治8	ホイットニー、クララ（アメリカ）
	父が森有礼に商法講習所所長として招かれ、一家で来日。勝梅太郎（海舟の三男）と結婚するが、1900年に離婚して帰国。『クララの明治日記』を残している。
1877 明治10	モース、エドワード・S（アメリカ）
	請われて東大で教鞭をとり、欧米流の考古学・動物学を教授する。大森貝塚で日本最初の学術的発掘調査を行なう。79年に帰国するが、82年に再来日。庶民生活の見聞記『日本その日その日』（1917年）を著す。
1878 明治11	バード、イザベラ（イギリス）
	日本旅行のため来日し、三ヶ月かけて北関東から東北、北海道を旅した紀行文。『日本の未踏の地』全2巻を1880年に刊行。
1888 明治21	ウェストン、ウォルター（イギリス）
	イギリス聖公会の宣教師で、日本の近代登山の開拓者。1915（大正4）年までに三度来日して、『知られざる日本を旅して』を25年に著す。
1897 明治30	ベルソール、アンドレ（フランス）
	フランスの文人。約1年間、京都・奈良の寺院や大阪、九州の収容所や炭坑などを視察した。『日本の昼と夜』（1900年）を著す。

（須藤健一作成）

	物学者。『アメリカ・アジア横断』（1870年）を著す。
1863 文久3	アンベール、エーメ（スイス）
	修好通商条約締結のため使節団長として来日し、翌年に締結させる。『図解日本』（全2巻）を1870年に刊行する。
	ブラック、ジョン・レディ（イギリス）
	1880（明治13）年まで日本に住み、『日新真事誌』、『万国新聞』を発刊して新聞の発展に貢献する。また『ヤング・ジャパン』（1880年）を著す。
1864 元治1	訪欧使節団出発（日本）
	ルサン・アルフレッド（フランス）
	英・米・蘭・仏四国連合艦隊の下関砲撃に参加したフランス艦の主計補佐官。『日本沿岸の戦い』（1866年）を著す。
1865 慶応1	シュリーマン、ハインリッヒ（ドイツ）
	トロイの遺跡を発掘したドイツの考古学者。世界旅行の途次、横浜と江戸に2ヶ月間滞在する。『今日の中国と日本』（1867年）を刊行。
1866 慶応2	スエンソン、エドアルド（デンマーク）
	フランス軍艦サントバン号の一員として横浜に。デンマーク海軍士官。『日本素描』（1869－70年）を刊行する。
	アルミニヨン、V・F（イタリア）
	通商イタリア使節として来日し、修好通商条約を締結する。『日本および1866年の軍艦マジェンタ号の航海』（1869年）を著す。
	ミットフォード、A・B・フリーマン（イギリス）
	江戸の英国公使館に3年間勤務した外交官。3度目の来日を機に『回想録』（1915年）を刊行する。
1870 明治3	グリフィス、ウィリアム（アメリカ）
	福井藩の藩校、明新館で理化学を教授するため来日。東京の大学南校へ移り、74（明治7）年まで教鞭をとる。『みかどの帝国』（1876年）を刊行。

万延1	日米修好通商条約批准に軍艦ポーハタンでアメリカへ。咸臨丸を同行。
	シュピース、グスターフ（プロシア）
	ドイツ連邦との通商条約締結の交渉のため、オイレンブルク一行にザクセン商業会議所全権として加わり来日。『1859－62年プロシアの東アジア遠征記』（1864年）を刊行。
	オイレンブルク、フリードリヒ・A・ツー（ドイツ）
	プロシア全権公使としてドイツ連邦と日本との修好通商条約締結を目的に来日し、61年に締結。『公式資料によるプロイセンの東アジア遠征』（1864年）を刊行。
	ブラント、マックス・フォン（ドイツ）
	ドイツの外交官。オイレンブルク全権公使に随行し、62（文久2）年に初代駐日領事になり横浜に着任した。以後代理公使、公使などを勤め75（明治8）年まで日本に滞在する。『東アジアにおける三十三年』（1901－02年）を刊行。
1861 文久1	ウィリス、ウィリアム（イギリス）
	駐日英国公使館付き医官として来日し、約16年間滞在する。63（文久3）年薩英戦争、68（慶応4）年鳥羽・伏見の戦い、68（慶応4）年戊辰戦争などで傷兵治療にあたる。69（明治2）年に東京府大病院医官となり、また鹿児島に病院と医学校を開設。『英国公使館員の維新戦争見聞記』を刊行。
	デュ・パン（フランス）
	フランスの軍人。『日本』（1868年）を著す。
1862 文久2	サトウ、アーネスト・メイソン（イギリス）
	イギリス領事館員として来日。パークス公使に従い条約勅許問題で活躍。日本をよく理解し日英外交に貢献。95（明治28）年駐日公使となった。日本名、佐藤愛之助または薩道。回想録『日本における一外交官』（1921年）を刊行。
	パンペリー、ラファエル（アメリカ）
	幕府の鉱物資源調査要請で各地で調査を行なった地質・鉱

	57年から医学伝習を開始し、61（文久1）年わが国最初の病院を長崎に開設する。62年まで滞在し、優れた門弟の医学者を育て「日本近代医学の父」と称される。『日本における五年間』（1867－68年）を刊行。
	カッテンディーケ、R・ホイセン・ファン（オランダ）
	長崎海軍伝習所第二代教育班長として医師ポンペとともにオランダ商館に着任。榎本武揚など日本海軍の中枢を養成する。『滞在日記抄』（1860年）を著す。
1858	オリファント、ローレンス（イギリス）
安政5	通商条約締結のために来日したジェームス・B・エルギン卿の秘書。『1857－59年の中国及び日本へのエルギン卿使節団の物語』（1859年）を刊行する。61（文久1）年英国公使館一等書記官として再来日。
1859	オールコック、ラザフォード（イギリス）
安政6	初代駐日英国総領事・公使。61（文久1）年水戸の浪士に襲われる。四国連合の下関砲撃を主導したことで64（元治1）年召還。『大君の都』（1863年）を刊行。
	リンダウ、ルドルフ（スイス）
	スイス通商調査団長として来日。61（文久1）年に再来日し、約1年間長崎、江戸、横浜、箱館など日本各地を旅し、『日本周遊旅行』（1864年）を刊行する。
	ホジソン、クリストファー・P（イギリス）
	長崎の英国領事事務取扱いとして来日。箱館領事も勤める。『1859－60年の長崎・箱館および日本総説』（1861年）を著す。
	アレクサンダー、シーボルト・フォン（ドイツ）
	シーボルトの息子。70年日本政府に雇用され、長崎の生活体験を『フィーリップ・フランツ・フォン・シーボルト父子の最後の日本旅行』（1903年）として刊行する。
1860	万延元年遣米使節（日本）

	ハイネ、P・B・ヴィルヘルム（ドイツ）
	ペリー提督に随行したアメリカに帰化したドイツ人画家・外交官。『世界周航日本への旅』（1856年）を著し、ドイツの地理学者フンボルトに献呈した。60（万延1）年に日本・プロシア通商条約締結のために再来日。
	プチャーチン、E・ヴァシリーヴィッチ（ロシア）
	海軍提督。ペリーの1ヶ月半後、条約締結を目的に長崎に来航するが幕府に拒否され退去。55年に下田で日露和親条約、58年神奈川で日露修好通商条約を締結。
	ゴンチャローフ、イワン・アレクサンドロヴィッチ（ロシア）
	作家。プチャーチンの秘書官として長崎に。『フレガート・パルラダ』（1857年）を刊行。
	マホフ、ワシーリイ（ロシア）
	司祭としてプチャーチン隊に随行。『フレガート・ディアーナ号航海誌』（1867年）を著す。
1855	リュードルフ、F・A（ドイツ）
安政2	アメリカの傭船、ドイツのグレタ号の船荷監督として来日。『日本における八ヶ月』（1857年）を刊行。
1856	ハリス、タウンゼント（アメリカ）
安政3	アメリカの初代駐日総領事として下田に着任。57年に下田条約（日米協定）、58年日米修好通商条約を締結し、59年江戸に公使館が開設され、公使となる。62（文久2）年帰国。『ハリスの完全な日記』（1930年刊）がある。
	ヒュースケン、ヘンリ・C・J（オランダ）
	アメリカに渡り、オランダ語の通訳兼書記官としてハリスに雇われて来日。約4年間ハリスに仕えたが、61（万延1）年尊攘派浪士（薩摩藩士）に斬殺される。外交折衝や日本の見聞を記した『日本日記』を残している。
1857	ポンペ、ファン・メールデルフォールト（オランダ）
安政4	出島のオランダ商館の医官兼自然科学調査官として着任。

略年表

1690	ケンペル、エンゲルベルト（ドイツ）
元禄3	東インド会社のオランダ商館付の医師として出島に渡来し、2年間滞在。91・92年の2度にわたり商館長の江戸参府に随行して日本の歴史・社会・政治・地理などを『日本誌』（1777年）に著す。
1811	ゴロウニン、V・ミハイロヴィッチ（ロシア）
文化8	ディアーナ号艦長となり世界周航の途中、国後（くなしり）島沖で測量中に捕らえられ、2年3ヶ月間投獄される。『日本幽囚記』（1816年）を刊行する。その『日本幽囚記』は世界各国語に訳された。
1820	フィッセル、ファン・オーフルメール（オランダ）
文政3	オランダ商館員として1829（文政12）年まで滞在。『日本国の知識への寄与』（1833年）を刊行する。
1823	シーボルト、フィリップ・フランツ・フォン（ドイツ）
文政6	ドイツ人医師・博物学者。出島のオランダ商館付き医官として来日。翌年鳴滝塾を開校。国禁の地図などの海外持ち出しが発覚し、29（文政12）年に追放される。大著『日本』（1832－51年刊）、『日本植物誌』、『江戸参府紀行』など日本に関する著作を刊行。58（安政5）年に日蘭通商条約が成立し、59年オランダ貿易会社の顧問として再来日、62（文久2）年帰国。
1853	ペリー、マシュー・カルブレイス（アメリカ）
嘉永6	東インド艦隊司令官で、蒸気船2隻を含む軍艦4隻で浦賀に入港し開国を迫る。54年に江戸湾に7隻で再来し、日米和親条約を締結。『公式報告書』を刊行。
	ウィリアムズ、サミュエル・W（アメリカ）
	ペリー艦隊の首席通訳として来日。『ペリー日本遠征随行記』（1910年）を刊行。

図表写真一覧

マ

ヤ・ラ・ワ

タ

ナ

カ

サ

人名・書名索引

ア

本書は、二〇〇八年三月に風響社から刊行された、『欧米人の見た開国期日本――異文化としての庶民生活』を文庫化したものです。

欧米人《おうべいじん》の見《み》た開国期《かいこくき》日本《にほん》

異文化《いぶんか》としての庶民生活《しょみんせいかつ》

石川榮吉《いしかわえいきち》

令和元年 9月25日　初版発行
令和6年 6月15日　再版発行

発行者●山下直久

発行●株式会社KADOKAWA
〒102-8177　東京都千代田区富士見2-13-3
電話　0570-002-301(ナビダイヤル)

角川文庫 21827

印刷所●株式会社KADOKAWA
製本所●株式会社KADOKAWA

表紙画●和田三造

ISBN 978-4-04-400534-4　C0121

角川文庫発刊に際して

角　川　源　義

第二次世界大戦の敗北は、軍事力の敗北であった以上に、私たちの若い文化力の敗退であった。私たちの文化が戦争に対して如何に無力であり、単なるあだ花に過ぎなかったかを、私たちは身を以て体験し痛感した。西洋近代文化の摂取にとって、明治以後八十年の歳月は決して短かすぎたとは言えない。にもかかわらず、近代文化の伝統を確立し、自由な批判と柔軟な良識に富む文化層として自らを形成することに私たちは失敗して来た。そしてこれは、各層への文化の普及滲透を任務とする出版人の責任でもあった。

一九四五年以来、私たちは再び振出しに戻り、第一歩から踏み出すことを余儀なくされた。これは大きな不幸ではあるが、反面、これまでの混沌・未熟・歪曲の中にあった我が国の文化に秩序と確たる基礎を齎らすためには絶好の機会でもある。角川書店は、このような祖国の文化的危機にあたり、微力をも顧みず再建の礎石たるべき抱負と決意とをもって出発したが、ここに創立以来の念願を果すべく角川文庫を発刊する。これまで刊行されたあらゆる全集叢書文庫類の長所と短所とを検討し、古今東西の不朽の典籍を、良心的編集のもとに、廉価に、そして書架にふさわしい美本として、多くのひとびとに提供しようとする。しかし私たちは徒らに百科全書的な知識のジレッタントを作ることを目的とせず、あくまで祖国の文化に秩序と再建への道を示し、この文庫を角川書店の栄ある事業として、今後永久に継続発展せしめ、学芸と教養との殿堂として大成せんことを期したい。多くの読書子の愛情ある忠言と支持とによって、この希望と抱負とを完遂せしめられんことを願う。

一九四九年五月三日

角川ソフィア文庫ベストセラー

新編 日本の面影
ラフカディオ・ハーン
訳／池田雅之
日本の人びとと風物を印象的に描いたハーンの代表作『知られぬ日本の面影』を新編集。「神々の国の首都」「日本人の微笑」ほか、アニミスティックな文学世界や世界観、日本への想いを伝える一一編を新訳収録。

新編 日本の面影 Ⅱ
ラフカディオ・ハーン
訳／池田雅之
代表作『知られぬ日本の面影』を新編集する、詩情豊かな新訳第二弾。「鎌倉・江ノ島詣で」「八重垣神社」「美保関にて」「二つの珍しい祭日」ほか、ハーンの描く、失われゆく美しい日本の姿を感じる一〇編。

新編 日本の怪談
ラフカディオ・ハーン
訳／池田雅之
「幽霊滝の伝説」「ちんちん小袴」「耳無し芳一」ほか、馴染み深い日本の怪談四二編を叙情あふれる新訳で紹介。小学校高学年程度から楽しめ、朗読や読み聞かせにも最適。ハーンの再話文学を探求する決定版！

ペリー提督日本遠征記 (上)
M・C・ペリー
編纂／F・L・ホークス
監訳／宮崎壽子
喜望峰をめぐる大航海の末ペリー艦隊が日本に到着、幕府に国書を手渡すまでの克明な記録。当時の琉球王朝や庶民の姿、小笠原をめぐる各国のせめぎあいを描く。美しい図版も多数収録、読みやすい完全翻訳版！

ペリー提督日本遠征記 (下)
M・C・ペリー
編纂／F・L・ホークス
監訳／宮崎壽子
刻々と変化する世界情勢を背景に江戸を再訪したペリーと、出迎えた幕府の精鋭たち。緊迫した腹の探り合いが始まる——。日米和親条約の締結、そして幕末日本の素顔や文化を活写した一次資料の決定版！

角川ソフィア文庫ベストセラー

春風夏雨
岡 潔

「生命というのは、ひっきょうメロディーにほかならない。日本ふうにいえば〝しらべ〟なのである」――科学から芸術や学問まで、岡の縦横無尽な思考の豊かさを堪能できる名著。解説：茂木健一郎

夜雨の声
岡 潔
編／山折哲雄

世界的数学者でありながら、哲学、宗教、教育にも洞察を深めた岡潔。数々の名随筆の中から科学と宗教、日本文化に関するものを厳選。最晩年の作「夜雨の声」ほか貴重な作品を多数収録。解説／編・山折哲雄。

風蘭
岡 潔

人を育てるのは大自然であり、その手助けをするのが人間である。だが何をすべきか、あまりにも知らなさすぎるのが現状である――。六十年後の日本を憂え、警鐘を鳴らした岡の鋭敏な教育論が冴える語り下ろし。

一葉舟
岡 潔

「人が現実に住んでいるのは情緒としての自然、情緒としての時の中である」――。釈尊の再来と岡が仰いだ山崎弁栄の言葉や芭蕉の句を辿り、時に脳の働きにも注目しながら、情緒の多様な在り方を探る。

陰翳礼讃
谷崎潤一郎

陰翳によって生かされる美こそ日本の伝統美であると説いた「陰翳礼讃」。世界中で読まれている谷崎の代表的名随筆をはじめ、紙、厠、器、食、衣服、文学、旅など日本の伝統に関する随筆集。解説・井上章一

角川ソフィア文庫ベストセラー

美しい日本の私　川端康成

ノーベル賞授賞式に羽織袴で登場した川端康成は、古典文学や芸術を紹介しながら日本の死生観を述べ、聴衆の深い感銘を誘った。その表題作を中心に、今、日本をとらえなおすための傑作随筆を厳選収録。

人生論ノート　他二篇　三木清

ひとは軽蔑されたと感じたとき最もよく怒る。だから自信のある者はあまり怒らない（「怒りについて」）。深い教養と思索から生みだされた言葉の数々は、いまなお心に響く。『語られざる哲学』『幼き者の為に』所収。

東洋的な見方　鈴木大拙

英米の大学で教鞭を執り、帰国後に執筆された、大拙自ら「自分が到着した思想を代表する」という論文十四編全てを掲載。東洋的な考え方を「世界の至宝」と語る、大拙思想の集大成！　解説・中村元／安藤礼二

ビギナーズ 日本の思想　文明論之概略　福澤諭吉　先崎彰容＝訳

福沢諭吉の代表作の1つ。文明の本質を論じ、今、もっとも優先すべき課題は日本国の独立であり、西洋文明を学ぶのもそのためであると説く。確かな考察に基づいた平易で読みやすい現代語訳に解説を付した保存版。

改訂新版　ものの見方について　笠信太郎

イギリス人は歩きながら考える。フランス人は考えた後で走りだす。そしてスペイン人は、走ってしまった後で考える――。滞欧新聞特派員の体験を元に、憂国の感慨と熱情で書かれた、戦後日本のベストセラー。